金融機関に求められる

経済安全保障対応

デロイト トーマツ リスクアドバイザリー｜編

一般社団法人 金融財政事情研究会

はしがき

　経済安全保障推進法の成立や、近時のウクライナ情勢等を受け、経済安全保障はかつてないほど関心が高まっています。2023年5月に開催されたG7広島サミットでは、経済的強靱性及び経済安全保障に関する首脳声明が初めて発出され、強靱なサプライチェーンや基幹インフラ構築の重要性が改めて強調されています。

　金融業は、国民生活の安定や国民経済の健全な発展を究極的な目標とし、顧客資産の維持・増大や決済・送金等、基幹インフラとして重要な機能を担っています。これらの金融機能が外国により脅かされると、個人・法人の経済活動の自由が奪われるにとどまらず、金融機能がストップすることにより、国家・国民の安全が害される危険も高まっています。また、金融機関は、その業務の性質上、顧客資産や決済・送金に関する膨大なデータを保有しており、これらを外国に奪われることを通じて国家・国民の安全が害されるおそれもあります。

　こうした事態を防ぐためには、政府のみならず、金融業のプレイヤーである金融機関自身が、経済安全保障推進法等に対する形式的な規制対応のみならず、自らの業務の経済安全保障上の重要性や、経済安全保障に関する判断を誤ることに伴う経営上・レピュテーション上の影響等も踏まえた上で、リスクを前広に把握・捕捉した自律的な対応が求められます。

　例えば、これまで主としてマネロン・テロ資金供与対策や拡散金融等の観点から国内外で課せられてきた経済制裁に関する規制に関し、特定の国との貿易の制限や、特定の国の軍事上の施策に対する対抗手段等、これまでとは異なる趣旨で課せられる規制も増えてきています。金融機関としては、これら複雑化する規制の正確な理解・遵守を前提としながら、それを超えて、取引相手の株主や実質的支配者等、取引の背後に経済制裁対象者・関連者が関与していないか、関与が疑われる場合にどのように対応す

べきか等、経済安全保障の観点も加味してリスクを踏まえた対応をしていくことが求められます。

　金融機関が有する膨大な顧客・取引情報等が、外国からサイバー攻撃にさらされる危険も、従前以上に高まっています。全ての金融機関が、経済安全保障の目線の高まりを踏まえたこれまで以上の堅牢なサイバーセキュリティ態勢を構築していくことが求められます。

　金融機関が有するデータは、外部からの侵襲という直接的な方法のみならず、金融機関が業務を委託する第三者を経由して間接的に流出してしまう可能性もあります。外国にある第三者が個人データを取り扱う際の規制は、2022年4月施行の改正個人情報保護法により厳格化されています。金融機関としては、こうした規制対応も含め、経済安全保障の見地から外国の第三者の選定・管理を適切に行っていくことが重要となります。

　このように、経済安全保障は金融機関が行うさまざまなリスク管理に影響を及ぼすものであり、最新の規制や他社動向等に関する情報を入手しながら適時適切な経営判断を行っていくことが求められます。金融機関としては、経済安全保障を経営上の問題と捉えた上で、組織横断的に対応していく機動的かつ堅牢なガバナンス態勢を構築していく必要があります。

　本書は、経済安全保障推進法の基幹インフラに関する部分その他関連する国内外の法規制の概要にとどまらず、経営上のリスクとしての「経済安全保障リスク」の内容及びこれに対する金融機関の対応等につき、できるだけ平易な形で説明すべく、Q&A形式で整理することを試みています。デロイト トーマツ リスクアドバイザリーの各領域の専門家が、各領域固有の論点のみならず、これらと金融機関の経済安全保障との関係等にも触れています。

　経済安全保障リスクは、国際情勢に伴って変化する「ムービングターゲット」であり、変化は日に日に加速化・複雑化しています。本書が、こうした経済安全保障リスクに金融機関が対処していくための一助となり、金融機関の基幹インフラとしての安定的かつ継続的な業務の提供や社会か

らの信頼の維持に少しでも貢献できていたら幸いです。

　末筆ながら、企画立案、執筆、内容に関する示唆等、本書の作成に関わったデロイト トーマツ リスクアドバイザリーの全ての皆さまと、出版に向けて適切な助言や編集作業をいただいた池田知弘様はじめ、一般社団法人金融財政事情研究会の皆さまに、あらためて感謝申し上げます。

　2023年8月

執筆者を代表して

今野　雅司

目　　次

なるのでしょうか。

経済安全保障推進法の「基幹インフラ役務の安定的な提供の確保に関する制度」は、全ての金融機関に適用があるのでしょうか。

第3章　金融機関における経済安全保障対応

第 1 章

経済安全保障を巡る
国内外の動向

経済安全保障とは、何ですか。

A

- 経済安全保障リスクは、さまざまな社会情勢・国際情勢の変化に伴い、経営上のリスクの一つとしてその重要性が増しています。

- 2022年12月の国家安全保障戦略では、経済安全保障は「我が国の平和と安全や経済的な繁栄等の国益を経済上の措置を講じ確保すること」と定義されています。

- 経済安全保障を具体的に考えていくに当たって、「わが国の国民生活及び社会経済活動の維持に不可欠な基盤を強靭化することにより、いかなる状況の下でも他国に過度に依存することなく、国民生活と正常な経済運営というわが国の安全保障の目的を実現すること」としての「戦略的自律性」、「国際社会全体の産業構造の中で、わが国の存在が国際社会にとって不可欠であるような分野を戦略的に拡大していくことにより、わが国の長期的・持続的な繁栄及び国家安全保障を確保すること」としての「戦略的不可欠性」が説明されることがあります。

- 金融機関としては、経済安全保障の定義を形式的に当てはめるといった硬直的な対応ではなく、時代により絶えず変動する「ムービングターゲット」であると柔軟に構え、経済安全保障上の懸念が生じるおそれを感度よく捉えていくことが重要と考えられます。

1 経済安全保障に対する関心の高まりと背景

　近時、経済大国による相次ぐ経済制裁や国内基幹産業の保護に関する施策の導入に加え、隣国への軍事侵攻等も発生し、「経済安全保障」という

用語がこれまでになくクローズアップされ、報道等で目にしない日はない状況になっています。

　経済活動と安全保障をリンクさせる考え方が生まれたのは意外に古く、1980年代の日米経済摩擦の頃に遡ります。この時代には、例えば米国の半導体の対日依存度の高さが問題になり、日本の半導体市場を開放するとともに、日本製半導体の価格を制限する日米半導体協定の締結へとつながりました。その後も米国では、この経済安全保障のコンセプトが受け継がれ続けたため、昨今の国際情勢への対応も早く、2007年には最初の懸念国に対する措置法が制定されています。

　その後、2018年に制定された「米国国防権限法2019」で、特定国の具体的な企業の製品・部品・サービスがリスト化され、それらを米国政府が調達することが明示的に禁止されたことで、経済安全保障は企業にとって大きな経営リスクとなることが改めて注目・意識されるようになりました。

　それまで広く認知されていた「地政学リスク」が、世界のどこにでも起こり得る紛争や経済摩擦等に起因するリスクであるのに対して、「経済安全保障リスク」は、主に特定の国際情勢に起因しており、その意味ではスコープが絞られており、規制も可視化されている場合が多いのが特徴といえます。

　なお、経済安全保障がリスクとなった背景は、国際情勢の変化のみによるものではありません。イノベーションの推進により、ドローンやAIなど、軍民双方で利用可能（デュアルユース）な技術の幅が急速に広がり、民間企業からの技術流出が他国の軍事力の強化につながる事態が現実のものになったという技術的な背景も存在します。実際に、日本メーカーの精密機器が、入手経路は不明ながら、紛争国で使用されていたドローンの内部から発見されたという事案も発生しています。

　経済安全保障が注目される原因となった国際情勢は、特定国の経済成長と少子高齢化に伴うピークアウト、米国の経済回復などさまざまな要因に影響されながら、今後も中長期のスパンで変動を続けることが予測されま

す。したがって経済安全保障も、同様のスパンで企業の経営課題であり続けることが想定されます。

2　経済安全保障の定義

　各国政府も、経済安全保障に関するさまざまな施策を実施しています。日本でも、「我が国又は国際社会の平和及び安全の維持」をその目的の一つとして掲げる外為法（外国為替及び外国貿易法）や、「国民生活の基盤の維持並びに我が国の領海等の保全及び安全保障に寄与」することを目的として2021年に成立した重要土地等調査法（重要施設周辺及び国境離島等における土地等の利用状況の調査及び利用の規制等に関する法律）に加え、2022年5月には、「安全保障の確保に関する経済施策を総合的かつ効果的に推進する」ことを目的とする経済安全保障推進法（経済施策を一体的に講ずることによる安全保障の確保の推進に関する法律）が成立しました。

　同法は、安全保障の確保に関する経済施策の総合的・効果的推進という上記目的を第1条で定めるとともに、同法を制定する背景として、「国際情勢の複雑化、社会経済構造の変化等に伴い、安全保障を確保するためには、経済活動に関して行われる国家及び国民の安全を害する行為を未然に防止する重要性が増大している」としています。

　同法は、上記のとおり「経済安全保障」の重要性やこれを踏まえた立法の目的につき規定しつつ、「経済安全保障」とは何なのか、その定義については明示的に定めているわけではありません。この点に関しては、同法成立後の2022年12月16日に閣議決定・公表された「国家安全保障戦略」において、「我が国の平和と安全や経済的な繁栄等の国益を経済上の措置を講じ確保することが経済安全保障であり」と記載しています。すなわち、「経済安全保障」とは、「我が国の平和と安全や経済的な繁栄等の国益を経済上の措置を講じ確保すること」であることが、はじめて公的に定義されたことになります。

3　戦略的自律性・戦略的不可欠性

　2022年12月の国家安全保障戦略は、経済安全保障の定義に続け、「我が国の自律性の向上、技術等に関する我が国の優位性、不可欠性の確保等に向けた必要な経済施策に関する考え方を整理し、総合的、効果的かつ集中的に措置を講じていく。」としています。

　この点に関し、経済安全保障戦略を具体的に考えていくに当たっての重要な考え方として、「戦略的自律性」「戦略的不可欠性」との概念が紹介されることがあります（図表1－1参照）。「戦略的自律性」は、「わが国の国民生活及び社会経済活動の維持に不可欠な基盤を強靭化することにより、いかなる状況の下でも他国に過度に依存することなく、国民生活と正常な経済運営というわが国の安全保障の目的を実現すること」、「戦略的不可欠性」は、「国際社会全体の産業構造の中で、わが国の存在が国際社会にとって不可欠であるような分野を戦略的に拡大していくことにより、わが国の長期的・持続的な繁栄及び国家安全保障を確保すること」と説明されます[1]。

　例えば、日本における国民生活や社会経済活動の維持に不可欠な技術・物資の供給を特定国・地域に過度に依存している場合、当該特定国・地域の政策その他の事情により供給が途絶えると日本の国民生活や社会経済活動の維持が困難となり、このような場合日本にとって「戦略的自律性」が確保されていない、ということになります。反対に、日本が国際社会にとって不可欠な技術・物資を供給している場合、供給先は供給途絶のリスクを回避するため日本との安全保障上の対立を避けるインセンティブが働き、日本にとって「戦略的不可欠性」が確保されている、ということになります[2]。

1　自由民主党政務調査会新国際秩序創造戦略本部「提言『経済安全保障戦略』の策定に向けて」（2020.12.16）
2　大川信太郎『企業法務のための経済安全保障入門』（中央経済社、2023）p5-6参照。

図表１－１　戦略的自律性・戦略的不可欠性

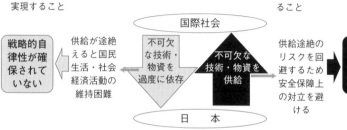

戦略的自律性	戦略的不可欠性
・わが国の国民生活及び社会経済活動の維持に不可欠な基盤を強靭化することにより、 ・いかなる状況の下でも他国に過度に依存することなく、国民生活と正常な経済運営というわが国の安全保障の目的を実現すること	・国際社会全体の産業構造の中で、わが国の存在が国際社会にとって不可欠であるような分野を戦略的に拡大していくことにより、 ・わが国の長期的・持続的な繁栄及び国家安全保障を確保すること

戦略的自律性が確保されていない　供給が途絶えると国民生活・社会経済活動の維持困難　国際社会　不可欠な技術・物資を過度に依存　不可欠な技術・物資を供給　供給途絶のリスクを回避するため安全保障上の対立を避ける　戦略的不可欠性が確保　日　本

4　経済安全保障の定義と金融機関に求められる対応

　「我が国の平和と安全や経済的な繁栄等の国益を経済上の措置を講じ確保すること」との公的な定義を受けて、金融機関も経済安全保障につきこれに準じた定義や、この定義に該当するかを厳格に検討することになるのでしょうか。

　経済安全保障の定義は一般的・抽象的であり、金融機関が具体的に直面する場面が上記の経済安全保障の定義に該当するか否かを判断するのが容易でない可能性も考えられます。また、国際情勢の変化や複雑化等により、経済安全保障の問題として捉えるべき事象が拡がっている状況もみられます。このような状況において、経済安全保障の定義を厳格・硬直に解釈し、「経済安全保障の定義に該当しないから問題ない」との判断をしてしまうと、変化する経済安全保障リスクを適切に把握・捕捉できず、対応しなければならない事象に対応できない事態を招いてしまうおそれもあります。

経済安全保障推進法対応といったルールベースの対応にとどまらず、「経済安全保障リスク」を経営上のリスクとして、リスクに応じたリスクベースの対応が求められること等も踏まえ（Q25参照）、金融機関としては、経済安全保障の定義を形式的に当てはめるといった硬直的な対応ではなく、時代により絶えず変動する「ムービングターゲット」であると柔軟に構え、経済安全保障上の懸念が生じるおそれを感度よく捉えていくことが重要と考えられます。

Q2 経済安全保障に関する日本の施策

経済安全保障について、日本ではどのような施策が講じられていますか。

A

- 日本政府は、近年の国際情勢の変化に対応し、５Ｇ投資促進税制、対内投資の事前届出厳格化等の外為法改正等、経済安全保障に関する政策的対応につきスピード感を持って進めています。
- 2022年５月には、経済安全保障推進法が成立し、関連する施策に関する有識者会議や政省令・指針の整備が進められています。

1 経済安全保障に関する日本の施策

日本政府は、近年の国際情勢の変化に対応し、経済安全保障に関する政策的対応につきスピード感を持って進めています。具体的には、「米国国防権限法2019」の制定に呼応する形で、2020年に経済産業省と総務省の主導により、国が定めた経済安全保障上の基準を満たす通信設備への投資にのみ税制上の優遇や支援措置を認めた、いわゆる「５Ｇ投資促進税制」が

導入されたのが、最初の動きとなりました。

　あわせて国は、同年外為法を改正し、経済安全保障上リスクのある国内上場会社の株式取得事前届出について、閾値を10％から１％に引き下げるとともに、役員への就任や指定された事業の譲渡・廃止についても、事前届出を義務づけています（Q29参照）。

　2022年の通常国会には、「経済施策を一体的に講ずることによる安全保障の確保の推進に関する法律案」（「経済安全保障推進法」）が提出され、同年５月11日に成立し、順次施行されています。

　経済安全保障推進法の詳細についてはＱ６に譲りますが、成立から２か月後の2022年７月には、内閣府に経済安全保障に関する有識者会議が設置され、９月30日には経済安全保障推進法に基づく「経済施策を一体的に講ずることによる安全保障の確保の推進に関する基本的な方針」が閣議決定されました。また、法の四つの施策の一つである、「先端的な重要技術の開発支援」については、すでに「経済安全保障重要技術育成プログラム（通称：Ｋプログラム）」として実施されています。その他の三つの施策についても、有識者会議において、順次指針等が検討され、閣議決定やパブリックコメントに付されるなど、政府としてスピーディな対応をしてきています。

　さらに、法には盛り込まれず、今後の検討課題とされた「セキュリティ・クリアランス」（機密度の高い情報をランク付けし、それぞれにアクセスする資格を、それを保持する人物の身元を調査した上で付与する制度）についても、2023年に新たな有識者会議が設立され、検討が進んでおり、６月には中間整理が公表されました（Q42参照）。

Q **3** 経済安全保障に関する海外の施策

経済安全保障について、海外ではどのような施策が講じられています
か。

A

- 経済安全保障に関しては、海外でもさまざまな施策が講じられていま
  す。
- 米国では、国防権限法に基づき米国政府による調達の制限のほか、対米
  外国投資委員会（CFIUS）による投資規制、輸出管理規則（EAR）による
  規制等、日本の外為法と同等又はこれより厳しい規制が課せられていま
  す。

1　経済安全保障に関する米国の施策

　経済安全保障に関しては、海外でもさまざまな施策が講じられていま
す。ここでは規制が明確で予見可能性も高い米国の例について取り上げま
す。

⑴　国防権限法によるエンティティリスト規制

　国防権限法889条に基づき、リストアップされた企業の製品・部品・
サービスを、米国政府が調達することを禁じるものです（Q1参照）。もっ
とも、リストに載った特定国の企業が、別会社や別ブランドでの提供を始
めたら、この規制は意味をなさず、「いたちごっこ」になってしまいま
す。実際に、このエンティティリストは、毎年どんどん長くなっていると
言われています。

⑵　対米外国投資委員会（CFIUS）による投資規制

　外国からの米国への投資（出資、企業買収等）について、対米外国投資

委員会が申告・届出に基づき案件毎に審査し、経済安全保障上問題がある
と判断した場合には、これを差し止めることができる制度です。申告・届
出には、①義務的申告：米国事業の支配権の取得、米国事業が保有する非
公開情報へのアクセス権の取得、取締役への就任、②任意の申告・正式届
出：一定の港、軍事拠点、米政府施設に関する不動産取引等、の2種類が
あります。さらにCFIUSには、事後的な職権による審査が認められてい
ます（Q29参照）。

(3)　輸出管理規則（EAR）による規制

　(1)の国防権限法によるエンティティリスト規制が特定の企業群を政府取
引から締め出す規制であったのに対し、輸出管理規則による規制は、一連
の製品群を米国市民・法人・団体等が特定の国・地域に輸出すること自体
を禁止する規制です。輸出禁止製品のリストは商務省により指定され、都
度改定が行われますが、最近では2022年10月に、先端半導体の製造に関わ
る機器が大幅に追加されました（Q32参照）。

(4)　人権問題に由来する規制

　このほか、米国では、強制労働により生産された製品の輸入が禁じられ
ており、上記と同様の施策が講じられています。具体的には、①関税法
307条に基づき、税関国境保護局による当該貨物（商品）の港湾等におけ
る引渡しを保留する違反商品保留命令の発出と、②ウイグル強制労働防止
法に基づく、新疆ウイグル自治区で一部または全部が製造された製品の原
則輸入禁止、があります。

Q4　金融機関における経済安全保障対応の必要性

金融機関は、なぜ経済安全保障を意識した経営をしなければならない
のでしょうか。

- 経済安全保障推進法は、「国民生活及び経済活動の基盤となる役務であって、その安定的な提供に支障が生じた場合に国家及び国民の安全を損なう事態を生ずるおそれがあるもの」を「特定社会基盤役務」としており、施行令で金融・クレジットカード等14業種を定めています。
- 顧客の属性や取引等に関する顧客情報を保有し、投融資・送金・取引仲介等の金融機能を提供する金融機関の業務の性質上、金融機関は外国政府やテロリスト、これらの影響下にある事業者等による妨害行為のリスクにさらされやすいといえ、小規模金融機関を含む全ての金融機関が、経済安全保障推進法の適用いかんにかかわらず、「経済安全保障リスク」に見合った対応を講じていくことが重要と考えられます。

1　安全保障のために安全性・信頼性を確保すべきインフラ事業

　経済安全保障推進法は、「国民生活及び経済活動の基盤となる役務であって、その安定的な提供に支障が生じた場合に国家及び国民の安全を損なう事態を生ずるおそれがあるもの」を「特定社会基盤役務」としています（50条1項）。基本指針は、「特定社会基盤役務」に該当するものとして、次のようなものがあるとしています。

① 　国民生活又は経済活動が依存している役務であって、その利用を欠くことにより、広範囲又は大規模な社会的混乱を生ずるなどの経済・社会秩序の平穏を損なう事態が生じ得るもの

② 　国民の生存に不可欠な役務であって、その代替が困難であるもの

　経済安全保障推進法50条1項各号は、上記のような「特定社会基盤役務」の提供を行うものとして、14業種を定めています（図表4-1参照）。

図表4−1　特定社会基盤役務

| 特定社会基盤役務 | ・国民生活及び経済活動の基盤となる役務であって、
・その安定的な提供に支障が生じた場合に国家及び国民の安全を損なう事態を生ずるおそれがあるもの |

❶ 国民生活又は経済活動が依存している役務であって、
その利用を欠くことにより、広範囲又は大規模な社会的混乱を生ずるなどの
経済・社会秩序の平穏を損なう事態が生じ得るもの

❷ 広範囲又は大規模な社会的混乱を生じないものであっても、
国民の生存に不可欠な役務であって、その代替が困難であるもの

14業種

電気	航空
ガス	空港
石油	電気通信
水道	基幹放送
鉄道	郵便
貨物自動車運送	金融
外航貨物	クレジットカード

2　金融機関における経済安全保障対応の必要性

　上記のとおり、金融は経済安全保障推進法上の「特定社会基盤役務」に該当し、適用対象となる金融機関は同法に基づく事前届出等、同法を遵守する必要があります。

　のみならず、金融機関の業務の性質や金融機関が置かれている状況等を考慮すると、経済安全保障推進法の適用いかんにかかわらず、全ての金融機関が「経済安全保障リスク」に対する適切な対応を実施していく必要があります。

　特に、金融機関は、顧客の属性のほか、個々の取引に関する情報や、法人顧客の業務内容・機密事項等、膨大な顧客情報を保有しています。これら膨大な顧客情報が特定の国・地域やテロリスト等にわたることで安全保

障上の懸念が顕在化することもあり、こうした懸念は他のインフラ業種に比べても大きいと思われます（Q25参照）。

　また、国内外の顧客に対して投融資・送金・取引仲介等の金融機能を提供しており、これら金融機能の提供により、特定の国・地域やテロリスト及びこれらの影響下にある事業者を利することとなり、具体的な安全保障上の懸念が生じる場合のみならず、こうした取引を行ったこと自体で金融機関の企業価値やレピュテーションが損なわれるおそれもあります（Q25参照）。

　さらに、こうした性質を有する金融業務を行う主体である事業者（＝金融機関）の数が、他のインフラ業種と比較しても多いことも特徴として挙げられます。経済安全保障推進法上の「特定社会基盤事業者」に該当しない金融機関に対する妨害行為は、「特定社会基盤事業者」に対する妨害と比較して国民生活や経済活動に対する影響そのものは大きくないとしても、上記の金融機関の業務の性質等を考慮すると、顧客情報等を狙って小規模の金融機関が妨害行為にさらされる危険も大きいといえます。一般的には「特定社会基盤事業者」に指定された金融機関と比較してその管理態勢は脆弱と考えられる小規模な金融機関のほうが、むしろ特定の国・地域やテロリスト等からターゲットとされやすい可能性が高いともいえます。

　このように、経済安全保障推進法の適用いかんにかかわらず、全ての金融機関が、経済安全保障リスクを感度よく適切に把握・捕捉し、リスクに見合った対応を講じていくことが重要と考えられます。

Q5　金融機関における経済安全保障対応

金融機関は、経済安全保障上の課題やリスクにつき、どのような対策を講じていく必要があるのでしょうか。

A

- 金融機関の業務の性質上、経済安全保障推進法の適用いかんにかかわらず、全ての金融機関が「経済安全保障リスク」にさらされています。

- 規制の適用の有無にかかわらず、自らの経済安全保障リスクを適切に把握・評価するため、経済安全保障に関する「当局の目線」や「社会の要請」を反映している国内外の規制動向に関する情報収集・理解を行っていくことが重要となります。

- 投融資管理、AML/経済制裁、サードパーティ・リスク管理、サイバーセキュリティ、データプライバシー等、既存のリスク管理の枠組みとの関係等も整理しながら、実効的かつ実現可能な「経済安全保障リスク」管理の枠組みを構築・整理していくことが重要と考えられます。

1 金融機関における経済安全保障対応

金融機関の業務の性質上、経済安全保障推進法の適用いかんにかかわらず、全ての金融機関が「経済安全保障リスク」にさらされています（Q 4参照）。実際、経済安全保障推進法が成立する以前から、金融機関は経済安全保障に関し経営上の判断を迫られる具体的な場面に直面しています（Q26参照）。こうした事情を踏まえ、経済安全保障推進法の成立前から、経済安全保障リスクを一つのリスク領域としてその管理手法を検討し、当該管理手法の一環として経済安全保障推進法対応を組み込んでいる金融機関もみられます。

どのような対応を講じていくかは金融機関の規模や業務内容等によっても異なり得るところですが、経済安全保障の重要性や社会の関心の高まり等を踏まえると、他のリスク管理と同様、経済安全保障リスクについても管理すべきリスクの一つと認識し、適切に管理していくことが重要と考えられます。

経済安全保障については、国際情勢の複雑化等を受けて国内外の規制上

の要請や社会の目線等も急速に変化しています。金融機関は、こうした国内外の規制動向や社会の要請等を感度よく把握・捕捉し、これらを経営上の意思決定に盛り込んでいく適切なガバナンス態勢を構築していく必要があります（Q28参照）。国内外の規制は、経済安全保障に関する「当局の目線」であるとともに、経済安全保障に関する「社会の要請」を反映しているものともいえます。金融機関としては、国内外の規制の適用の有無にかかわらず、自らの経済安全保障リスクを適切に把握・評価するため、これら規制動向に関する情報収集・理解を行っていくことが重要となります。

　他方、経済安全保障リスクに対する取組みは、投融資管理、AML/経済制裁、サードパーティ・リスク管理、サイバーセキュリティ、データプライバシー等、金融機関が既に実施している他のリスク管理の枠組みと一部重複することも考えられます。金融機関としては、これら既存のリスク管理の枠組みとの関係等も整理しながら、リスクを漏れなく管理しつつ、過剰な負担とならないよう、実効的かつ実現可能な「経済安全保障リスク」管理の枠組みを構築・整理していくことが重要と考えられます（Q29～Q38参照）。

第 2 章

経済安全保障推進法の概要

経済安全保障推進法の概要

経済安全保障推進法は、どのようなものでしょうか。

A

- 2022年5月11日に成立した経済安全保障推進法は、総則で「基本方針の策定」等について定めた上、「①重要物資の安定的な供給の確保」「②基幹インフラ役務の安定的な提供の確保」「③先端的な重要技術の開発支援」「④特許出願の非公開」の4点を重要施策と位置づけています。

- 「①重要物資の安定的な供給の確保」「③先端的な重要技術の開発支援」については、2022年中に順次施行されており、「②基幹インフラ役務の安定的な提供の確保」「④特許出願の非公開」については、関係する政省令等のパブリックコメントなど所要の整備を経て、2024年春頃の施行が見込まれます。

1 経済安全保障推進法の概要

「経済施策を一体的に講ずることによる安全保障の確保の推進に関する法律」（「経済安全保障推進法」）は、2022年5月11日に成立し、順次施行されています。

経済安全保障推進法は、総則で「基本方針の策定」等について定めた上、「①重要物資の安定的な供給の確保」「②基幹インフラ役務の安定的な提供の確保」「③先端的な重要技術の開発支援」「④特許出願の非公開」の4点を重要施策と位置づけています（図表6-1参照）。

基本方針は、日本の経済安全保障について、基本的な国家戦略を定めており、経済安全保障の確保とともに、自由かつ公正な経済活動への影響に配慮すること等が謳われています。この点は経済界や、新法検討に際して

図表6-1　経済安全保障推進法の概要

1．重要物資の安定的な供給の確保	2．基幹インフラ役務の安定的な提供の確保
国民の生存や、国民生活・経済活動に甚大な影響のある物資の安定供給の確保を図るため ・特定重要物資の指定 　✓国民の生存に不可欠な物資（例．医薬品） 　✓国民生活や経済活動が依拠する物資（例．半導体） ・民間事業者の計画の認定・支援措置 ・特別の対策としての政府による取組 ・その他（所管大臣による事業者への調査）	基幹インフラの重要設備が我が国の外部から行われる役務の安定的な提供を妨害する行為の手段として使用されることを防止するため ・審査対象 　✓金融、電気、水道など14業種のうち政令で定める事業者 ・事前届出・審査 　✓重要設備の導入や維持管理等の委託を行う場合、計画書の事前届出を義務化 　✓事前審査期間は原則として届出受理から30日間 ・勧告・命令 　✓サイバー攻撃などの妨害行為を受ける恐れがある場合は、政府が設備導入や管理方法について変更・中止を勧告、正当な理由なく応諾しない場合は措置命令
3．先端的な重要技術の開発支援	4．特許出願の非公開
先端的な重要技術の研究開発の促進とその成果の適切な活用のため ・国による支援 　✓情報提供・資金支援等 ・官民パートナーシップ（協議会） 　✓構成員：関係行政機関の長、研究代表者／従事者等 ・調査研究業務の委託（シンクタンク） 　✓一定の能力を有する者に委託	安全保障上機微な発明の特許出願につき、公開や流出を防止するとともに、安全保障を損なわずに特許法上の権利を得られるようにするため ・技術分野等によるスクリーニング（第一次審査） ・保全審査（第二次審査） ・保全指定 ・外国出願制限 ・補償

参考：内閣官房「経済安全保障推進法案の概要」(https://www.cas.go.jp/jp/houan/220225/siryou1.pdf)

設置された有識者会議においても指摘があったところで、国会における法の審議過程でも明確に配慮が示されていました。基本方針は、法成立後の2022年7月に設置された新たな有識者会議での検討を経て、2022年9月30日に閣議決定されています。

第一の重要施策である「重要物資の安定的な供給の確保」は、国民の生存や経済活動に不可欠な物資のうち、海外に供給を依存しているものについて、民間事業者に、安定供給確保計画を策定させ、所管大臣の認定を受けることを可能（義務ではない）とするものです。それだけにはとどまらず、インセンティブとして、認定を受ければ、事業者はその物資の安定供給のために助成金や利子補給、ツーステップローン等の金融的支援を受けることができます。さらに、それらの支援措置だけでは不十分な場合、国が直接備蓄などの措置に乗り出すことも可能としています。重要物資としては、2022年12月23日、抗菌性物資製剤、肥料、永久磁石、工作機械及び産業用ロボット、航空機の部品、半導体素子及び集積回路、蓄電池、インターネットその他の高度情報通信ネットワークを通じて電子計算機を他人の情報処理の用に供するシステムに用いるプログラム（クラウドプログラム）、可燃性天然ガス、金属鉱産物、船舶の部品の11種が、施行令で定められました。

　第二の重要施策「基幹インフラ役務の安定的な提供の確保」は、電気、ガス、石油、水道、鉄道、貨物自動車運送、外航貨物、航空、空港、電気通信、放送、郵便、金融、クレジットカードの14の指定業種に対して、対象となる事業者を指定し、サービスを提供する設備の整備計画を政府が事前に審査、不備がある場合は改善するよう勧告・命令を行うことができるとするものです。インフラに対するサイバー攻撃などが世界各地で発生する中、基幹インフラ役務の安定的な提供は国民生活や経済活動の維持にとって非常に重要である一方、事業者に対しては負担が重い措置ともいえます。「基幹インフラ役務の安定的な提供の確保」についても、有識者会議での検討を経て、2023年4月28日、基本指針が閣議決定されました。本稿執筆時点では、2024年春の運用開始に向けて、対象事業者の指定基準、特定重要設備・重要維持管理の内容、対象設備の構成要素、届出書類の記載事項等に関する政省令の詳細案が明らかにされつつあります（Q21参照）。

第三の重要施策「先端的な重要技術の開発支援」は、今後日本が世界を
リードし、戦略的に唯一の存在となる技術を確立するために、官民でパー
トナーシップを組み、協議会・シンクタンクを設立し、技術開発に取り組
むものです。このパートナーシップの下で得られた情報については、強い
守秘義務が課される点が注目されます。これまでの日本に欠落していた視
点で、現在セキュリティ・クリアランス制度（機密度の高い情報にアクセス
する資格と、それを保持する人物の身元調査）導入に向けて、有識者会議で
議論が行われ、2022年6月には中間整理が公表されました（Q42参照）。
また、施行については、令和3年度補正予算で措置された「経済安全保障
重要技術育成プログラム（Kプログラム）」としてすでに実施されています。
　第四の重点施策が特許出願の非公開です。そもそも特許というシステム
は、特許料という対価と引き換えに、発明の全てを公開することが前提と
されています。これを軍事技術にもあてはめていたのでは、安全保障が担
保されません。G20諸国で、この非公開特許制度を導入していないのは日
本とメキシコ、アルゼンチンだけだったのですが、今般の経済安全保障推
進法に基づく「特許出願の非公開化」の措置により、ようやく他のG20諸
国と同様の制度が設けられることになります。具体的には、特許庁で第一
次のスクリーニングを行い、非公開がふさわしいとされた特許申請を内閣
府に送付、今後新設される第二次審査機関で、出願者の意思を確認した上
で、1年単位で非公開の特許として指定するものです。審査に際しては、
イノベーションを阻害しないよう配慮するとされ、出願者には特許出願し
ていた場合を想定した対価が補償されます。
　本施策については、2023年4月28日に基本指針が閣議決定されました。
現在、対象となる25の詳細な特定技術分野案やそれら以外の技術をカバー
する付加要件案が示され、外国出願禁止に関する制度案とともに、パブ
リックコメントに付されています。これらがクリアされれば、2024年春頃
には制度運用が開始されるものとみられます。

金融機関における経済安全保障推進法の重要性

金融機関にとって、経済安全保障推進法のどの部分が重要となるので
しょうか。

A

- 経済安全保障推進法の4本の柱のうち、②基幹インフラ役務の安定的な
提供の確保に関しては、金融やクレジットカード業務が同法上の「特定
社会基盤役務」として指定され、「特定社会基盤事業者」として指定さ
れた金融機関には当該役務の安定的な提供の確保に関する規定が適用さ
れます。

- 「特定重要物資」の経済安全保障上の重要性に鑑みれば、特定重要物資
やその生産に必要な原材料、部品、設備、機器、装置又はプログラムに
関与する事業者に対して金融機能を提供する金融機関も、①重要物資の
安定的な供給の確保に関する制度や、これら事業者が経済安全保障の動
向でビジネスモデルや業績が左右される経営環境、これら経営環境に対
する事業者としての対応状況等を注視していく必要があると考えられま
す。

- ②基幹インフラ役務の安定的な提供の確保に関しても、「特定社会基盤
事業者」として指定される金融機関のみならず、全ての金融機関が、経
営上のリスクとしての「経済安全保障リスク」を適切に管理していくこ
とが重要と考えられます（第3章参照）。

1 経済安全保障推進法の金融機関への適用

経済安全保障推進法の4本の柱（①重要物資の安定的な供給の確保、②基
幹インフラ役務の安定的な提供の確保、③先端的な重要技術の開発支援、④特

許出願の非公開）のうち、②基幹インフラ役務の安定的な提供の確保に関しては、金融やクレジットカード業務が同法上の「特定社会基盤役務」として指定され、「特定社会基盤事業者」として指定された金融機関には当該役務の安定的な提供の確保に関する規定が適用されます。

　①重要物資の安定的な供給の確保に関し、経済安全保障推進法では、国民の生存に必要不可欠な又は広く国民生活・経済活動が依拠している重要な物資について、「特定重要物資」として指定し、その安定供給確保に取り組む民間事業者等を支援することを通じて、特定重要物資のサプライチェーンの強靱化を図ることとしています。具体的には、特定重要物資等の安定供給確保のための取組に関する計画（「供給確保計画」）を作成し、所管大臣の認定を受けた事業者は、取組みの実施に必要な資金について、日本政策金融公庫が提供する長期・低利のツーステップローンを原資とした指定金融機関による融資等の金融支援を受けることができます[1]。2022年12月、特定重要物資として、11物資が政令で指定されています（図表7−1参照）。

　③先端的な重要技術の開発支援や④特許出願の非公開については、金融機関のビジネスモデル等を考慮すると、金融機関自身に直接適用される場面は多くないと考えられます。

2　経済安全保障推進法の趣旨を理解した対応

　では、②基幹インフラ役務の安定的な提供の確保の適用がある金融機関のみが、当該制度のみを理解しておけば十分なのでしょうか。

　例えば、①重要物資の安定的な供給の確保に関し、「特定重要物資」として指定された物資については、外部に過度に依存して「戦略的自律性」（Q1参照）が保たれていない状況で供給途絶・供給不足等が生じると、国民生活・経済活動に甚大な影響を及ぼすおそれがあります。こうした事

1　内閣府「重要物資の安定的な供給の確保に関する制度」
　 https://www.cao.go.jp/keizai_anzen_hosho/supply_chain.html

図表7－1　特定重要物資の指定

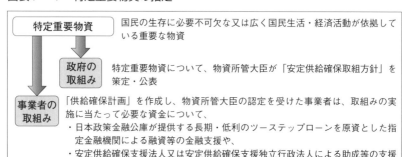

抗菌性物質製剤	半導体
肥料	蓄電池
永久磁石	クラウドプログラム
工作機械・産業用ロボット	天然ガス
航空機の部品	重要鉱物
	船舶の部品

態を回避するとともに、「戦略的不可欠性」（Q1参照）を確保するためには、「特定重要物資」として指定された物資を国内で製造し、海外に安定的に供給する必要があります。すなわち、「特定重要物資」を取り扱う事業者の経営は、国家の経済安全保障戦略に大きく影響を受けることになります。また、「特定重要物資」そのものを取り扱う事業者のみにとどまらず、「特定重要物資」の生産に必要な原材料、部品、設備、機器、装置やプログラムを提供する事業者も、国家の経済安全保障戦略にその経営上の影響を受けることになります。これら事業者に対して投融資・送金・金融仲介等の金融機能を提供する金融機関は、①重要物資の安定的な供給の確保に関する経済安全保障推進法その他の規制動向や、これら事業者が経済安全保障の動向でビジネスモデルや業績が左右される経営環境、これら経営環境に対する事業者としての対応状況等を注視していく必要があると考

えられます。

　また、②基幹インフラ役務の安定的な提供の確保に関しても、「特定社会基盤事業者」として指定される金融機関のみならず、全ての金融機関が、経営上のリスクとしての「経済安全保障リスク」を適切に管理していくことが重要と考えられます（第3章参照）。

Q8 ／ 基本指針の概要

基幹インフラについて示された「特定妨害行為の防止による特定社会基盤役務の安定的な提供の確保に関する基本指針」の概要は、どのようなものでしょうか。

A

- 経済安全保障推進法の4本の柱のうちの②基幹インフラ役務の安定的な提供の確保に関し、2023年4月、「特定妨害行為の防止による特定社会基盤役務の安定的な提供の確保に関する基本指針」が公表されました。
- 基本指針は、第1章〜第3章で、②基幹インフラ役務の安定的な提供の確保に関する制度が適用される「事業」（第1章）→「事業者」（第2章）→「設備・委託」（第3章）について、順を追って説明し、第4章では、適用される設備・委託について必要とされる事前届出の内容について説明しています。
- 「特定社会基盤事業者」として指定される金融機関のみならず、全ての金融機関が、基本指針、パブリックコメント及びこれに対する考え方等を通じて経済安全保障に対する当局の意向を理解することが重要と考えられます。

1 特定妨害行為の防止による特定社会基盤役務の安定的な提供の確保に関する基本指針

　経済安全保障推進法の4本の柱のうちの②基幹インフラ役務の安定的な提供の確保に関し、2023年2月、「特定妨害行為の防止による特定社会基盤役務の安定的な提供の確保に関する基本指針（案）」が公表されました。同指針（案）は、4月28日に閣議決定され、パブリックコメント期間中に寄せられた187の意見概要及びこれに対する考え方とともに公表されました。「特定社会基盤事業者」として指定される金融機関のみならず、全ての金融機関が、これら公表資料を通じて経済安全保障に対する当局の意向を理解することが重要と考えられます。

　基本指針は、全6章で構成されています。大きな分類としては、第1章～第3章で、②基幹インフラ役務の安定的な提供の確保に関する制度が適用される「事業」（第1章）→「事業者」（第2章）→「設備・委託」（第3章）について、順を追って説明されています。第4章では、適用される設備・委託について必要とされる事前届出の内容、第5章では、事業者その他関係者との連携、第6章では、政府内の推進体制・見直し等につき、それぞれ説明されています（図表8－1参照）。

　第1章は、「特定妨害行為の防止による特定社会基盤役務の安定的な提供の確保に関する基本的な方向」として、当該制度の基本的な考え方、「特定社会基盤事業」、「特定妨害行為」について記載しています。

　第2章は、「特定社会基盤事業者の指定に関する基本的な事項」として、「特定社会基盤事業者」の指定基準、指定に関し留意すべき事項、指定基準の見直しについて記載しています。

　第3章は、「特定妨害行為の防止による特定社会基盤役務の安定的な提供の確保に当たって配慮すべき事項」として、「特定重要設備」「重要維持管理等」に関する基本的な考え方やこれらを定めるに当たって配慮すべき事項について記載しています。

図表 8 － 1 　「特定妨害行為の防止による特定社会基盤役務の安定的な提供の確保に関する基本指針」の概要

【第1章】何から、どの事業を守るか

特定社会基盤事業

銀・証・保・カード等14業種が法定
① 利用を欠くことで経済・社会秩序の平穏を損なう事態が生じ得るもの　or
② その代替が困難であるもの

特定妨害行為

サイバー攻撃に加え、物理的な方法も想定
※関係のない第三者が行う妨害行為や、提供を妨害しようとする主体との関わりがない妨害行為は該当しない

【第2章】どの事業者が対象となるか

特定社会基盤事業者

以下を考慮し主務省令で基準を規定
① 事業規模
② 代替可能性のいずれか又はその両方を考慮し、事業ごとの実態を踏まえて定める
※指定の留意点：
① 適正な競争関係を不当に阻害しない
② 中小規模事業者の指定はより慎重に検討

【第3章】どの設備・委託が対象となるか

特定重要設備の導入

以下のような設備を主務省令で規定
機能が停止・低下すると、①役務の提供ができない②品質・機能が低下・喪失or③安定的な提供の継続を阻害
※計画書に記載したプログラムの機能の変更・追加も、原則として届出・報告が必要

重要維持管理等の委託

特定重要設備の維持管理・操作の委託を主務省令で規定
①特定重要設備の機能維持・安定的提供のために重要and②これらを通じて特定社会基盤役務の安定的な提供を妨害するおそれ
※再委託は最終委託者までの情報を計画書に記載するのが原則

【第4章】何が必要となるか

事前届出	特定重要設備の概要	
供給者・委託先や役員・株主の氏名・名称・所在国、リスク管理措置等、詳細は主務省令で規定	特定重要設備の内容、時期	重要維持管理等の委託の内容、時期・期間
	特定重要設備の供給者に関する事項	重要維持管理等の委託の相手方に関する事項
	構成設備の供給者に対する我が国の外部からの影響の有無やその程度を評価するために必要となる事項	再委託をして行わせる業務内容等の再委託の内容、時期・期間 再委託の相手方に関する事項
	リスク管理措置	
遡及適用	原則遡及しない 内容等の変更なく契約の更新を行う重要維持管理等の委託（自動更新を含む）は、更新前に届出が必要	

【第5章】事業者その他関係者との連携

※相談窓口の設置

【第6章】政府内の推進体制・見直し等

※施行後3年を目途に検討、必要な措置

第4章は、「特定社会基盤事業者に対する勧告及び命令に関する基本的な事項」として、事前届出制度や遡及適用に関する考え方、勧告・命令等について記載しています。

第5章は、「特定妨害行為の防止による特定社会基盤役務の安定的な提供の確保に関し必要な特定社会基盤事業者その他の関係者との連携に関する事項」として、特定妨害行為の防止に関する連携及び助言、特定社会基盤事業者等に対する事前相談の実施、関係者等の意見の適切な考慮、国民に対する周知・広報及び情報提供について記載しています。事前相談に関しては、基本指針が閣議決定されたのと同日の2023年4月28日、基幹インフラ14業種を所管する省庁に相談窓口が設置されています[2]。

第6章は、「その他特定妨害行為の防止による特定社会基盤役務の安定的な提供の確保に関し必要な事項」として、政府内の推進体制及び関係行政機関との連携等に関する事項、国際情勢や社会経済構造等を踏まえた見直しについて記載しています。

Q 9　基幹インフラに対する妨害行為

経済安全保障推進法では、どのような行為が基幹インフラに対する妨害行為とされているのでしょうか。

A

- 経済安全保障推進法は、基幹インフラ役務に対する妨害行為を「特定妨害行為」とし、「特定重要設備の導入又は重要維持管理等の委託に関して我が国の外部から行われる特定社会基盤役務の安定的な提供を妨害する行為」と定めています。

2　https://www.cao.go.jp/keizai_anzen_hosho/infra.html

- 基本指針は、特定重要設備の導入や特定重要設備の維持管理・操作を行う他の事業者が「我が国の外部から特定社会基盤役務の安定的な提供を妨害しようとする主体であるとき」や、「当該主体から影響を受けた事業者であるとき」として、これら主体につき、「外国政府」「テロリスト」「これらの主体の影響下にある我が国内にある供給者等」を例示しています。
- 基本指針は、特定妨害行為の類型として、①特定重要設備の機能を停止させ、又は低下させること自体をもって特定社会基盤役務の安定的な提供を妨害する行為、②特定重要設備の機能を維持したまま、当該特定重要設備を用いて特定社会基盤役務の安定的な提供を妨害する行為に類別した上、それぞれに該当する行為の具体的な内容を記載しています。

1　特定妨害行為の主体

　経済安全保障推進法は、基幹インフラ役務に対する妨害行為を「特定妨害行為」とし、「特定重要設備の導入又は重要維持管理等の委託に関して我が国の外部から行われる特定社会基盤役務の安定的な提供を妨害する行為」と定めています（52条2項2号ハ）。基本指針は、第1章において、特定妨害行為に関する考え方や想定される特定妨害行為の内容について説明しています。

　基本指針は、特定重要設備の導入や特定重要設備の維持管理・操作を行う他の事業者が「我が国の外部から特定社会基盤役務の安定的な提供を妨害しようとする主体であるとき」や、「当該主体から影響を受けた事業者であるとき」として、これら主体につき、「外国政府」「テロリスト」「これらの主体の影響下にある我が国内にある供給者等」を例示しています。

2　想定される特定妨害行為の内容

　基本指針は、特定妨害行為の類型として、①特定重要設備の機能を停止

させ、又は低下させること自体をもって特定社会基盤役務の安定的な提供
を妨害する行為、②特定重要設備の機能を維持したまま、当該特定重要設
備を用いて特定社会基盤役務の安定的な提供を妨害する行為に類別した
上、それぞれに該当する行為の具体的な内容として、次のようなものを想
定しています（図表9－1参照）。

図表9－1　特定妨害行為～想定される特定妨害行為の内容

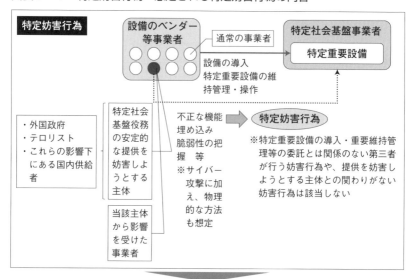

① 特定重要設備の機能を停止させ、又は低下させること自体をもって特
定社会基盤役務の安定的な提供を妨害する行為

- 我が国の外部から特定社会基盤役務の安定的な提供を妨害しようとす
る主体が、特定重要設備若しくは特定重要設備の一部を構成する設
備、機器、装置若しくはプログラムであって特定妨害行為の手段とし
て使用されるおそれがあるものの供給者又は重要維持管理等の委託を
受けた者から得た当該特定重要設備の脆弱性に関する情報を用いて、
当該特定重要設備をウイルスに感染させ、特定重要設備の機能を停止
させ、又は低下させる行為。

- 我が国の外部から特定社会基盤役務の安定的な提供を妨害しようとす
る主体の影響を受けた特定重要設備又は構成設備の供給者が、当該特
定重要設備に不正なプログラムを埋め込み、そのプログラムにより当
該特定重要設備の機能を停止させ、又は低下させる行為。

- 我が国の外部から特定社会基盤役務の安定的な提供を妨害しようとす
る主体の影響を受けた特定重要設備の重要維持管理等の委託を受けた
者が、当該特定重要設備の重要維持管理等を放棄し、又は不正な重要
維持管理等を行い、当該特定重要設備の機能を停止させ、又は低下さ
せる行為。

② 特定重要設備の機能を維持したまま、当該特定重要設備を用いて特定
社会基盤役務の安定的な提供を妨害する行為

- 我が国の外部から特定社会基盤役務の安定的な提供を妨害しようとす
る主体が、特定重要設備若しくは構成設備の供給者又は重要維持管理
等の委託を受けた者から得た当該特定重要設備の脆弱性に関する情報
を用いて、当該特定重要設備に不正にアクセスして操作を行い、又は
情報の滅失、改ざん等を通じ、特定社会基盤事業者が本来意図した動
作とは異なる動作をさせる行為。

Q10　基本指針が適用される設備・委託

経済安全保障推進法の「基幹インフラ役務の安定的な提供の確保に関する制度」が適用される設備や業務委託は、どのようなものでしょうか。

A

- 特定社会基盤事業の用に供される設備、機器、装置又はプログラムのうち、特定社会基盤役務を安定的に提供するために重要であり、かつ、我が国の外部から行われる特定社会基盤役務の安定的な提供を妨害する行為の手段として使用されるおそれがあるものを「特定重要設備」としています。

- 特定重要設備の維持管理又は操作のうち、当該特定重要設備の機能を維持するため又は当該特定重要設備に係る特定社会基盤役務を安定的に提供するために重要であり、かつ、これらを通じて当該特定重要設備が我が国の外部から行われる特定社会基盤役務の安定的な提供を妨害する行為の手段として使用されるおそれがあるものを「重要維持管理等」としています。

- 特定重要設備及び重要維持管理等を定めるに当たっては、①適正な競争関係を不当に阻害することのないように配慮するとともに、②特定社会基盤役務の提供に当たって過度な負担を生じないよう、対象は真に必要な範囲に限定するとしています。

1　特定重要設備

　経済安全保障推進法は、以下の3要件を満たすものを、「特定重要設備」として定めることとしています（50条1項）。

- 特定社会基盤事業の用に供される設備、機器、装置又はプログラムのうち、
- 特定社会基盤役務を安定的に提供するために重要であり、かつ、
- 我が国の外部から行われる特定社会基盤役務の安定的な提供を妨害する行為の手段として使用されるおそれがあるもの

　基本指針は、特定社会基盤役務を安定的に提供するために重要な設備、機器、装置又はプログラムは、その機能が停止又は低下すると特定社会基盤役務の安定的な提供に支障が生じ、国家及び国民の安全を損なう事態を生ずるおそれがあるとした上、例えば次のような設備が特定重要設備として定められるとしています（図表10－1参照）。

①　その機能が停止又は低下すると、役務の提供ができない事態を生じ得る設備
- 設備の機能の停止又は低下が、役務の停止に直結し得る設備

②　その機能が停止又は低下すると、役務の提供は停止しないが、役務が

図表10－1　特定重要設備

特定社会基盤事業の用に供される設備、機器、装置又はプログラムのうち、以下をいずれも満たすもの
・特定社会基盤役務を安定的に提供するために重要
・我が国の外部から行われる特定社会基盤役務の安定的な提供を妨害する行為の手段として使用されるおそれ

特定社会基盤事業者
特定重要設備
＊構成設備

＊特定重要設備又は特定重要設備の一部を構成する設備、機器、装置又はプログラムであって特定妨害行為の手段として使用されるおそれがあるもの

特定重要設備の類型
① 機能が停止・低下すると、役務の提供ができない事態が発生し得る設備
② 機能が停止・低下すると、役務の提供は停止しないが、役務が備えるべき品質・機能等が喪失・低下した状態となり得る設備
③ 機能が停止・低下すると、役務の提供を直接阻害するものではないが、安定的な提供の継続を阻害し得る設備

※特定重要設備に係るプログラムについて、導入等計画書に記載した機能に関係する変更・追加を加える場合、原則導入等計画書の変更の届出等が必要

備えるべき品質・機能等が喪失又は低下した状態を生じ得る設備

- 設備の機能の停止又は低下が、提供される役務に求められるべき水準・役割等を低下させる事態を生じさせ得る設備

③ その機能が停止又は低下すると、役務の提供を直接阻害するものではないが、安定的な提供の継続を阻害し得る設備

- 設備の機能の停止又は低下により、例えば、障害の発生の検知が不可能となる事態が生じ得る設備

基本指針は、特定重要設備に含まれるプログラムについて、導入等計画書に記載した機能に関係する変更や機能の追加を行う場合は、原則、導入等計画書の変更の届出、新たな特定重要設備の導入の届出又は構成設備の変更の報告が必要となるとしています。他方、日常的なバグ修正等のアップデート等、導入等計画書に記載した機能に関係する変更を伴わない変更を行う場合については、軽微な変更として届出等を不要とするとしています（Q14参照）。

2 重要維持管理等

経済安全保障推進法は、以下の3要件を満たすものを、「重要維持管理等」として定めることとしています（52条1項）。

- 特定重要設備の維持管理又は操作のうち、
- 当該特定重要設備の機能を維持するため又は当該特定重要設備に係る特定社会基盤役務を安定的に提供するために重要であり、かつ、
- これらを通じて当該特定重要設備が我が国の外部から行われる特定社会基盤役務の安定的な提供を妨害する行為の手段として使用されるおそれがあるもの

基本指針は、特定重要設備の「維持管理」「操作」につき、以下のとおり記載しています（図表10－2参照）。

- 特定重要設備の維持管理：特定重要設備の機能を維持するため、当該特定重要設備の保守点検、機器・部品の交換、プログラムの更新を行

図表10-2　重要維持管理等

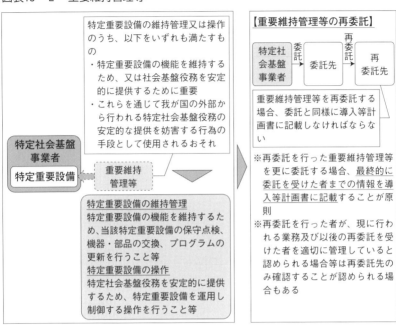

特定重要設備の維持管理又は操作のうち、以下をいずれも満たすもの
・特定重要設備の機能を維持するため、又は社会基盤役務を安定的に提供するために重要
・これらを通じて我が国の外部から行われる特定社会基盤役務の安定的な提供を妨害する行為の手段として使用されるおそれ

特定社会基盤事業者
特定重要設備

重要維持管理等

特定重要設備の維持管理
特定重要設備の機能を維持するため、当該特定重要設備の保守点検、機器・部品の交換、プログラムの更新を行うこと等
特定重要設備の操作
特定社会基盤役務を安定的に提供するため、特定重要設備を運用し制御する操作を行うこと等

【重要維持管理等の再委託】

特定社会基盤事業者 → 委託 → 委託先 → 再委託 → 再委託先

重要維持管理等を再委託する場合、委託と同様に導入等計画書に記載しなければならない

※再委託を行った重要維持管理等を更に委託する場合、最終的に委託を受けた者までの情報を導入等計画書に記載することが原則
※再委託を行った者が、現に行われる業務及び以後の再委託を受けた者を適切に管理していると認められる場合等は再委託先のみ確認することが認められる場合もある

　うこと等
　●特定重要設備の操作：特定社会基盤役務を安定的に提供するため、特定重要設備を運用し制御する操作を行うこと等
　経済安全保障推進法は、特定重要設備の重要維持管理等の再委託について、委託と同様に特定妨害行為の手段として使用されるおそれがあることを前提に、再委託に関する事項も導入等計画書に記載しなければならないとしています（52条2項3号ハ）。
　基本指針は、特定妨害行為の防止の観点からは、最終的に委託を受けた者までの情報が導入等計画書に記載されることを原則としています。他方、再委託者が、現に行われる業務及び以後の再委託を受けた者を適切に管理していると認められる場合等、再委託者の確認により以後の再委託者を確認せずとも特定妨害行為の手段として使用されるおそれの審査が可能

であるときは、当該再委託者までの情報の届出とすることを認めるとしています（Q15参照）。

3 特定重要設備及び重要維持管理等を定めるに当たって配慮すべき事項

　基本指針は、特定重要設備及び重要維持管理等は特定社会基盤事業者が事前届出を行う範囲を定めるものであり、事業を所管する各主務省庁が立案するに当たって、次の点に配慮するとしています。

① 適正な競争関係を不当に阻害することのないように配慮すること

　特定重要設備及び重要維持管理等は、その定め方によっては一部の特定社会基盤事業者又は特定重要設備の一部の供給者等に過度な負担を与え、競争関係に影響を及ぼすことも予想されるため、あらかじめ関係する事業者等の意見を幅広く聴取するなど、事業者間の適正な競争関係を不当に阻害することのないよう配慮するとしています。

② 特定社会基盤役務の提供に当たって過度な負担を生じないよう、対象は真に必要な範囲に限定すること

　特定重要設備及び重要維持管理等の事前届出に関しては、特定社会基盤事業者や特定重要設備の供給者等において、制度対応に当たっての事務的な費用も含む負担が生ずることが予想されるため、このような負担が、最終的には特定社会基盤役務の提供に係る負担となり、利用者の利便に影響する可能性があり得ることも踏まえ、規制対象については安全保障を確保するために真に必要な範囲に限定するとしています。

　また、事務的な費用を含む特定社会基盤役務の安定的な提供の確保に必要な負担について、特定社会基盤事業者から特定重要設備の供給者等に対する不当な転嫁[3]が行われることがないようにするなど、適切な監督等を通じ、特定重要設備の供給者等に過度な負担が生じないよう取り組むこととしています。

　内閣官房は、2023年6月、特定社会基盤役務の安定的な提供の確保に関

図表10－3　特定重要設備、重要維持管理等、構成設備（案）

法50条1項13号・14号に定める事業		特定重要設備（省令）	重要維持管理等（省令）※詳細は各省において検討中	構成設備（省令）※詳細は各省において検討中
銀行法第2条第2項各号に掲げる行為のいずれかを行う事業	銀行法第2条第2項に規定する銀行業	預金・為替取引システム※銀行業の中心的な業務処理を担うことから対象とする。	・システムの保守点検・システムの運用	・業務アプリケーション、OS、ミドルウェアその他の重要なソフトウェア・端末系装置・周辺機器・サーバ装置・通信回線装置
	系統中央機関が行うもの			
	労働金庫が行うもの	―	―	―
	資金決済に関する法律第2条第2項に規定する資金移動業	為替取引システム※為替取引の中心的な業務処理を担うことから対象とする。	・システムの保守点検・システムの運用	・業務アプリケーション、OS、ミドルウェアその他の重要なソフトウェア・端末系装置・周辺機器・サーバ装置・通信回線装置
	上記以外のもの（信用組合等の協同組織金融機関が行うもの等）	―	―	―
保険業法第2条第2項に規定する保険業		保険金支払システム※保険金支払の中心的な業務処理を担うことから対象とする。	・システムの保守点検・システムの運用	・業務アプリケーション、OS、ミドルウェアその他の重要なソフトウェア・端末系装置・周辺機器・サーバ装置・通信回線装置
金融商品取引法第2条第17項に規定する取引所金融商品市場の開設の業務を行う事業		売買システム※取引所の中心的な業務処理を担うことから対象とする。		
同条第28項に規定する金融商品債務引受業		清算システム※清算業務処理の中心的な業務処理を担うことから対象とする。		
同法第28条第1項に規定する第一種金融商品取引業		注文約定システム※第一種金融商品取引業の中心的な業務処理を担うことから対象とする。		

図表10－4 特定重要設備、重要維持管理等、構成設備（案）

法50条1項13号・14号に定める事業	特定重要設備（省令）	重要維持管理等（省令）※詳細は各省において検討中	構成設備（省令）※詳細は各省において検討中
信託業法第2条第1項に規定する信託業	財産管理システム※信託業の中心的な業務処理を担うことから対象とする。	・システムの保守点検・システムの運用	・業務アプリケーション、OS、ミドルウェアその他の重要なソフトウェア・端末系装置・周辺機器・サーバ装置・通信回線装置
資金決済に関する法律第2条第10項に規定する資金清算業	資金清算システム※資金清算業の中心的な業務処理を担うことから対象とする。		
同法第3条第5項に規定する第三者型前払式支払手段（同法第4条各号に掲げるものを除く。）の発行の業務を行う事業	前払式支払手段の発行に係るシステム※前払式支払手段発行業務の中心的な業務処理を担うことから対象とする。		
預金保険法第34条に規定する業務を行う事業	破綻処理業務システム※破綻処理の中心的な業務処理を担うことから対象とする。		
農水産業協同組合貯金保険法第34条に規定する業務を行う事業			
社債、株式等の振替に関する法律第3条第1項に規定する振替業	振替システム※振替業の中心的な業務処理を担うことから対象とする。		
電子記録債権法第51条第1項に規定する電子債権記録業	電子債権記録システム※電子債権記録業の中心的な業務処理を担うことから対象とする。		
割賦販売法第2条第3項に規定する包括信用購入あっせんの業務を行う事業	クレジットカード決済の承認（オーソリゼーション）に係るシステム①基幹処理②取引認証③決済電文受理④不正利用検知⑤信用照会⑥代行信用照会等※クレジットカードの取引の中心的な業務処理を担うことから対象とする。		

する制度の運用開始に向けた検討状況を公表し、特定社会基盤事業ごとに、特定重要設備、重要維持管理等、構成設備の案を示しました（図表10-3、図表10-4）[4]。このうち、特定重要設備に関しては、2023年8月9日に、金融庁より「経済施策を一体的に講ずることによる安全保障の確保の推進に関する法律に基づく特定社会基盤事業者の指定等に関する内閣府令」として公表されています[5]。重要維持管理等、構成設備については、2023年秋頃省令として公表されることが想定されています（Q21参照）。

Q11 基本指針に基づく事前届出

経済安全保障推進法の「基幹インフラ役務の安定的な提供の確保に関する制度」が適用される設備や業務委託について、どのような内容を事前に届け出る必要があるのでしょうか。

A

● 届出を受理した日から起算して30日の禁止期間を経過する日までは、導

3　どういった「転嫁」が「不当な転嫁」に当たるかは個々の事例に即して判断することとなりますが、例えば、立場上供給者に対して優位にある特定社会基盤事業者が、導入等届出書の作成に当たって必要となる事務経費やリスク管理措置を追加で実施する際の経費等の全てを供給者から調達する特定重要設備の価格に転嫁する行為等は、不当な転嫁に当たる可能性があります（「特定妨害行為の防止による特定社会基盤役務の安定的な提供の確保に関する基本指針に対する意見募集の結果」59番）。他方、特定社会基盤事業者が制度対応に当たってリスク管理措置の実施を特定重要設備の供給者に求めた場合に、供給者において当該リスク管理措置の実施に係る費用を特定社会基盤事業者に請求することが想定されますが、それが直ちに不当な転嫁に当たるものではないとされています（「特定妨害行為の防止による特定社会基盤役務の安定的な提供の確保に関する基本指針に対する意見募集の結果」61番）。

4　内閣官房「特定社会基盤役務の安定的な提供の確保に関する制度の運用開始に向けた検討状況について」（2023.6）p11-15より抜粋
　　https://www.cas.go.jp/jp/seisaku/keizai_anzen_hosyohousei/r5_dai7/siryou1.pdf

5　https://www.fsa.go.jp/news/r5/sonota/20230809/20230809.html

入等計画書に係る特定重要設備の導入を行い、又は重要維持管理等を行わせてはならないとされており、特定社会基盤事業者は、特定重要設備を導入する日から遡って少なくとも1か月以上前には、事前届出を完了しておく必要があることになります。

- 実務上は、導入の1か月前を目途に事前届出を準備するのではなく、設計・開発等の導入の初期段階から事前届出事項に関する調査・検討を行い、必要に応じ当局の事前相談窓口等も活用しながら当局ともコミュニケーションしていくことが重要と考えられます。

- 基本指針で示されている事前届出事項の具体例の中には、「一定割合以上の議決権保有者の名称、国籍、保有割合」「役員の氏名、国籍」「外国政府等との取引高が一定割合以上である場合、当該国名及び割合」等、特定社会基盤事業者において把握することが容易でなかったり、特定重要設備の供給者や重要維持管理等の委託の相手方に関する営業上の機密や対象者のプライバシー等の観点から問題を生じる可能性がある情報も含まれています。これらの情報の把握や届出の方法等の検討には一定の期間を要することが想定されるため、金融機関としては、こうした期間も考慮に入れた上で導入等計画書の作成に係るスケジュールを検討していくことが重要と考えられます。

1 事前届出制度に関する考え方

　基本指針は、特定重要設備に関して我が国の外部から行われる特定社会基盤役務の安定的な提供を妨害する行為を未然に防止するため、特定重要設備の導入及び重要維持管理等の委託について、導入等計画書の事前届出を求め、当該導入等計画書に係る特定重要設備の導入を行い、又は重要維持管理等を行わせてはならない期間（「禁止期間」）を設けて審査を行うこととしています[6]。

　禁止期間に関し、経済安全保障推進法は、原則として、届出を受理した

日から起算して30日を経過する日までは、導入等計画書に係る特定重要設備の導入を行い、又は重要維持管理等を行わせてはならないとしています（52条3項）。すなわち、特定社会基盤事業者は、特定重要設備を導入する日から遡って少なくとも1か月以上前には、事前届出を完了しておく必要があることになります[7]。

2 事前届出事項

導入等計画書の記載事項は、経済安全保障推進法52条2項各号に記載されており、その内容は基本指針で具体化されています（図表11−1参照）。

- 「特定重要設備の概要」：特定重要設備を特定するために必要となる、その種類、名称、機能[8]、設置及び使用する場所等の事項
- 「導入の内容」：特定重要設備の導入の目的や、特定重要設備の導入に携わる事業者[9]の名称等
- 「重要維持管理等の委託の内容」：重要維持管理等の目的、行わせる業務内容、重要維持管理等の実施場所等
- 「導入の時期」：特定重要設備の導入に関する一連の行為（設計、開発、組立て、設置等）が完了し、役務の提供の用に供する時点

6　経済安全保障推進法52条1項は、特定社会基盤事業者と実質的に同一と認められる者が供給する特定重要設備の導入については、導入等計画書の届出を不要としています。「特定社会基盤事業者と実質的に同一と考えられる者」に関し、2023年6月に公表された「特定社会基盤役務の安定的な提供の確保に関する制度の運用開始に向けた検討状況について」では、①「特定社会基盤事業者が設備の供給者の事業の方針の決定等を支配しており、特定妨害行為を行わせないことが可能であると考えられる者」として、子法人・孫法人を、②「設備供給者の性質上、経営上の支配権を外部の主体が融資影響を与える蓋然性が非常に低いと考えられる者」として、国の機関・地方公共団体・独立行政法人等を挙げています。
7　経済安全保障推進法は、他の事業者から特定重要設備の導入を行い、又は他の事業者に委託して特定重要設備の重要維持管理等を行わせることが緊急やむを得ない場合については、例外的に導入等計画書の事前届出並びに当該届出に伴う禁止期間及び事前審査を免除し、緊急導入等届出書の事後的な届出義務を課しています（52条1項但書、11項）。
8　「機能」とは、例えば、特定重要設備の動作によって実現される特定社会基盤役務の提供に当たって不可欠な作用が挙げられるとされています。

図表11−1　事前届出事項

特定重要設備の概要	・特定重要設備を特定するために必要となる、種類、名称、機能、設置・使用する場所等 ・機能：例えば特定重要設備によって実現される特定社会基盤役務の提供に当たって不可欠な作用

特定重要設備の内容	・導入の目的、導入に携わる事業者の名称等 ・導入に携わる事業者：特定重要設備の供給者から、導入前に経由する事業者を含む 　（販売会社を経由して供給者から調達する場合の販売会社の名称等）	**重要維持管理等の委託の内容**	・目的、行わせる業務内容、実施場所等
特定重要設備の導入の時期	・導入に関する一連の行為（設計、開発、組立て、設置等）が完了し、役務を提供する時点	**重要維持管理等の委託の時期・期間**	・単発・継続性のないもの／反復・継続的なもの等、その内容に応じた時期・期間

特定重要設備の供給者 ・特定重要設備の供給者の名称、住所、設立国 ・5％以上の議決権保有者の名称、国籍、保有割合 ・役員の氏名、生年月日、国籍 ・過去3年間において、外国政府等との売上高が25%以上である場合、当該国名及び割合 ※「外国政府」：外国の政府、外国の政府機関、外国の地方公共団体、外国の中央銀行若しくは外国の政党その他の政治団体 ・設備の製造場所	**重要維持管理等の委託の相手方** ・委託の相手方の名称、住所、設立国 ・5％以上の議決権保有者の名称、国籍、保有割合 ・役員の氏名、生年月日、国籍 ・過去3年間において、外国政府等との売上高が25%以上である場合、当該国名及び割合 ※「外国政府」：外国の政府、外国の政府機関、外国の地方公共団体、外国の中央銀行若しくは外国の政党その他の政治団体

特定重要設備の一部を構成する設備等で特定妨害行為の手段として使用されるおそれがあるものに関する事項 ・構成設備を特定するために必要となる、種類、名称、機能 ・当該構成設備の供給者の名称、住所等の事項 　（例：構成設備の供給者に対する国外からの影響の有無・程度を評価するために必要となる事項） ・構成設備が他の機器等と一体となった設備を調達し特定重要設備の一部として用いる場合、構成設備そのものの供給者に加え、構成設備と他の機器等を一体として組み上げて供給する者も含まれる	**再委託に関する事項** ・再委託の内容、時期・期間 ・再委託の相手方に関する事項 ・再委託された重要維持管理等の全部又は一部が更に委託されるものを含む

リスク管理措置	・特定社会基盤事業者が自ら講ずるべき特定重要設備が特定妨害行為の手段として使用されるおそれを低減させるための有効な措置

- 「重要維持管理等の委託の時期又は期間」：重要維持管理等には、単発・継続性のないもののほか、反復・継続的なものも想定されることから、その内容に応じて、重要維持管理等を行わせる時期又は期間を記載するもの
- 「特定重要設備の供給者に関する事項」「重要維持管理等の委託の相手方に関する事項」：特定重要設備の供給者又は重要維持管理等の委託の相手方を特定するために必要となる名称及び住所等の事項のほか、特定重要設備の供給者[10]又は重要維持管理等の委託の相手方に対する我が国の外部からの影響の有無やその程度を評価するために必要となる事項[11]
- 「特定重要設備の一部を構成する設備、機器、装置又はプログラムで

---

9 「導入に携わる事業者」とは、特定重要設備の供給者から、当該特定重要設備を特定社会基盤事業者が導入するまでに経由する事業者までを含み、例えば、特定社会基盤事業者が特定重要設備について販売会社を経由して供給者から調達する場合は、販売会社の名称等を届け出る必要があるとされています。このほか、2023年6月に公表された「特定社会基盤役務の安定的な提供の確保に関する制度の運用開始に向けた検討状況について」では、セキュリティテストの実施に当たって特定重要設備の詳細な情報を把握する可能性があり、また特定重要設備の脆弱性等を看過すること等も可能であることから、特定重要設備の導入前にセキュリティテストを実施する者も「導入に携わる事業者」として審査の対象となるとしています。その上で、「導入に携わる事業者」について、導入等計画書にどのような事項を記載するかは、引き続き検討を行うとしています。
10 「特定重要設備の供給者」とは、特定重要設備として機能が充足された状態のものを製造又は供給する者を指すとされています。
11 特定重要設備の供給者に関する事項及び重要維持管理等の委託の相手方に関する事項については、特定社会基盤事業ごとに主務省令で定めることとなり、安全保障を確保するため合理的に必要と認められる範囲において、その具体的な内容を定めることとされています（具体例については、図表11－1参照）。
　基本指針で示されている具体例の中には、「一定割合以上の議決権保有者の名称、国籍、保有割合」「役員の氏名、国籍」「外国政府等との取引高が一定割合以上である場合、当該国名及び割合」等、特定社会基盤事業者において把握することが容易でなかったり、特定重要設備の供給者や重要維持管理等の委託の相手方に関する営業上の機密や対象者のプライバシー等の観点から問題を生じる可能性がある情報も含まれています。これらの情報の把握や届出の方法等の検討には一定の期間を要することが想定されるため、金融機関としては、こうした期間も考慮に入れた上で導入等計画書の作成に係るスケジュールを検討していくことが重要と考えられます。

あって特定妨害行為の手段として使用されるおそれがあるものに関する事項」：構成設備[12]、[13]を特定するために必要となる、その種類、名称、機能といった構成設備の概要に関する事項や、当該構成設備の供給者の名称、住所等の事項

- 「重要維持管理等の委託の相手方が他の事業者に再委託して重要維持管理等を行わせる場合にあっては、当該再委託に関する事項」：再委託[14]をして行わせる業務内容等の再委託の内容及び時期又は期間に関する事項のほか、再委託の相手方に関する事項等

- 「リスク管理措置」：特定社会基盤事業者が自ら講ずるべき特定重要設備が特定妨害行為の手段として使用されるおそれを低減させるための有効な措置（Q12参照）

上記の記載事項には、特定重要設備又は構成設備に関する機微な情報や、供給者に関する機微な情報等が含まれることが想定されます。そのため、政府は当該情報を適切に管理するとともに、特定社会基盤事業者及び特定重要設備の供給者等は、当該情報を適切に管理することが望ましいとされています。また、特定重要設備の供給者等が保有する情報であって特に機微である等の事情により、特定社会基盤事業者等に提供することが困難である情報[15]については、特定社会基盤事業者等を経由することなく、直接事業所管大臣に提出することができるよう配慮するとされています[16]。

12　構成設備及び構成設備に関して届け出る事項は特定重要設備の実態等を踏まえて定めることとなり、届け出る事項としては、例えば、構成設備の供給者に対する我が国の外部からの影響の有無やその程度を評価するために必要となる事項があるとされています。

13　構成設備については、特定重要設備の供給者が、調達した構成設備を特定重要設備の一部として直接用いる場合だけでなく、構成設備が他の機器等と一体となった設備を調達し特定重要設備の一部として用いる場合も考えられます。後者の場合の構成設備の供給者には、構成設備そのものの供給者に加え、構成設備と他の機器等を一体として組み上げて供給する者も含まれるとされています。

14　ここで言う再委託には、再委託された重要維持管理等の全部又は一部が更に委託されるものを含むとされています。

3 金融機関に求められる対応

　基本指針では、事業所管大臣が30日以内に審査を終える場合もあり得ること[17]や、禁止期間が長期となることを避けるべく、必要な審査を効率的かつ迅速に行うことに触れつつ、30日を超える慎重な審査を要する場合には期間延長もあり得る旨言及しています。また、特定重要設備の導入には、設計・開発・組立て・設置等の一連の行為が含まれ、一連の行為には相当の期間を要することが想定されます。

　したがって、実務上は、導入の1か月前を目途に事前届出を準備するのではなく、設計・開発等の導入の初期段階から事前届出事項に関する調査・検討を行い、必要に応じ当局の事前相談窓口等も活用しながら当局ともコミュニケーションしていくことが重要と考えられます[18]。

15　2023年6月に公表された「特定社会基盤役務の安定的な提供の確保に関する制度の運用開始に向けた検討状況について」では、具体的な事項として、「特定重要設備の供給者等に関する事項関係（経済安全保障推進法第52条第2項第1号から第3号まで）」として、①議決権保有者の国籍等、②供給者等の役員等の生年月日、国籍、③外国政府等との取引高の割合及び相手国、「リスク管理措置関係（経済安全保障推進法第52条第2項第4号）」として、④「特定重要設備の供給者を通じて確認している場合も含む」の記述があるもの、⑤「委託の相手方を通じて確認している場合も含む」の記述があるもの、を挙げています。

16　「特定妨害行為の防止による特定社会基盤役務の安定的な提供の確保に関する基本指針に対する意見募集の結果」63番は、「複数の特定社会基盤事業者が共同で特定重要設備を導入する場合、当該特定重要設備を保有し役務の用に供することとなる全ての特定社会基盤事業者が届出を行う必要があります。」としています。このような場合も、特定重要設備の供給者その他の関係者の便宜等を考慮し、特定重要設備の供給者等による直接の提出が行われる可能性があると考えられます。

17　基本指針は、禁止期間を短縮し得る場合として、過去に審査を終えたものと同様の内容の導入等計画書の届出を行った場合を例示しています。この場合に該当する例としては、例えば、過去に審査を行っている重要維持管理等の委託について、自動更新条項に基づいて委託の内容等を変更することなく契約の更新を行う場合が考えられます（「特定妨害行為の防止による特定社会基盤役務の安定的な提供の確保に関する基本指針に対する意見募集の結果」92番）。

18　基本指針は、禁止期間を短縮し得る場合として、届出前に事前相談を行っており審査に必要な情報をあらかじめ提供している場合を例示しています。

Q12 「リスク管理措置」

事前に届け出る必要のある「リスク管理措置」とは、具体的にはどのようなものでしょうか。

~~~~~~~ **A** ~~~~~~

- 特定妨害行為の手段として使用されるおそれについても、他のリスク管理と同様、自らが直面しているリスクを適時・適切に特定・評価し、リスクに見合った低減措置を講ずるいわゆる「リスクベース・アプローチ」に基づく対応を講ずる必要があります。

- 基本指針や主務省令等で示されるリスク管理措置の例を実施しているか否かを「形式的に」(「チェックボックスとして」)確認するのではなく、特定妨害行為のリスクを個別具体的に特定・評価し、リスクに見合ったリスク管理措置の内容を「実質的に」(「自由演技として」)実施し、その旨対外的にも説明できるよう整理しておくことが重要となります。

- 「契約による担保」やこれ以外の代替手段の検討及び実施等、リスク管理措置の実施には相応の時間を要することが想定されます。金融機関としては、特定妨害行為のリスクを速やかに特定・評価した上、具体的なリスク管理措置の実施に要する時間も考慮して事前届出に向けたスケジュールを検討していくことが重要となります。

~~~~~~

1 リスク管理措置に関する考え方

　基本指針は、「特定社会基盤事業者が、特定重要設備の導入やその重要維持管理等の委託について特定重要設備が特定妨害行為の手段として使用されるおそれを低減させるためには、特定社会基盤事業者が自らリスクを評価し、そのリスクの内容及び程度に応じてリスク管理措置を講ずること

が有効である」としています。すなわち、特定妨害行為の手段として使用されるおそれについても、他のリスク管理と同様、自らが直面しているリスクを適時・適切に特定・評価し、リスクに見合った低減措置を講ずるいわゆる「リスクベース・アプローチ」に基づく対応を講ずる必要があることになります。

2 リスク管理措置の例示

基本指針は、例示する措置の全てを常に講ずることが求められるものではないことを前提としつつ、特定重要設備の導入、重要維持管理等の委託、管理体制の確認ごとに、以下のとおりリスク管理措置の例を示しています。また、2023年6月に内閣官房が公表した「特定社会基盤役務の安定的な提供の確保に関する制度の運用開始に向けた検討状況」では、さらに詳細にリスク管理措置を例示しています（図表12−1〜図表12−3参照）[19]。
［特定重要設備の導入に係るリスク管理措置］
① 特定重要設備及び構成設備の供給者における製造等の過程で、特定重要設備及び構成設備に不正な変更[20]が加えられることを防止するために必要な管理がなされ、当該管理がなされていることを特定社会基盤事業者が確認できることを契約等により担保している。
- 調達時に指定した情報セキュリティ要件（特定重要設備及び構成設備に最新のセキュリティパッチが適用されているか否か、不正プログラム対策ソフトウェアを最新化しているか否か等）の実装状況が確認できる。
- 特定重要設備及び構成設備の製造環境において、アクセス可能な従業員を物理的（入退室管理等）かつ論理的（データやシステム等へのアクセス制御）に適切に制限していることが確認できる。

---

19 内閣官房「特定社会基盤役務の安定的な提供の確保に関する制度の運用開始に向けた検討状況について」（2023.6）p21-25
https://www.cas.go.jp/jp/seisaku/keizai_anzen_hosyohousei/r5_dai7/siryou1.pdf
20 「不正な変更」とは、例えば、不正なプログラムを含む予期しない又は好ましくない特性を組み込むこと等が含まれるとしています。

図表12－1　リスク管理措置の例示（特定重要設備の導入）

※リスク管理措置はリスクの内容・程度に応じて講じられるべきものであり、全てを常に講ずることが求められているものではない

> ### 特定重要設備の導入
>
> ① 製造等の過程での不正変更防止のために必要な管理がなされ、管理されていることを確認できる旨契約等で担保
> ・（1－1）特定重要設備に悪意のあるコード等が混入していないかを確認するための受入検査その他の検証体制構築、脆弱性テスト実施が確認できる
> ・（1－2）構成設備に悪意のあるコード等が混入していないかを確認するための受入検査その他の検証体制構築、脆弱性テスト実施が確認できる（注1）
> ・（2－1）指定した情報セキュリティ要件（最新のセキュリティパッチの適用、不正プログラム対策ソフトウェアの最新化等）の、特定重要設備の供給者による実装状況が確認できる
> ・（2－2）指定した情報セキュリティ要件（最新のセキュリティパッチの適用、不正プログラム対策ソフトウェアの最新化等）の、構成設備の供給者による実装状況が確認（注1）
> ・（3－1）特定重要設備の開発工程で信頼できる品質保証体制を確立していることが確認できる
> ・（3－2）構成設備の開発工程で信頼できる品質保証体制を確立していることが確認できる（注1）
> ・（4－1）特定重要設備の製造過程での不正行為（不正な変更等）の有無について、定期的な確認を行うことを確認できる
> ・（4－2）構成設備の製造過程での不正行為（不正な変更等）の有無について、定期的な確認を行うことを確認できる（注1）
> ・（5－1）特定重要設備の製造環境でアクセス可能な職員を物理的（入退室管理等）・論理的（データ・システム等へのアクセス制御）に適切に制限している旨確認できる
> ・（5－2）構成設備の製造環境でアクセス可能な職員を物理的（入退室管理等）・論理的（データ・システム等へのアクセス制御）に適切に制限している旨確認できる（注1）
> ・（6）特定重要設備をインターネット回線と接続する場合に、不正アクセス等を防ぐための利用マニュアル・ガイダンス等を自ら整備・実施している旨確認できる
> ・（7）特定重要設備の設置に際して不正な変更等を加えることを防止する体制を確立していることを確認できる
> ・（8－1）特定重要設備に不正な変更やそのおそれがある場合に、供給者が詳細な調査・立入検査等に協力することが担保されていることを確認できる
> ・（8－2）構成設備に不正な変更やそのおそれがある場合に、供給者が詳細な調査・立入検査等に協力することが担保されていることを確認できる（注1）
> ② 保守・点検等を行える者が特定重要設備の供給者に限られるかどうか等の実態も踏まえ、供給者を選定
> ・（9－1）特定重要設備の供給者によるサービス保証（故障対応や脆弱性対応等）が十分に講じられている
> ・（9－2）構成設備の供給者によるサービス保証（故障対応や脆弱性対応等）が十分に講じられている（注1）
> ・（10－1）特定重要設備の保守・点検等が受けられなくなった場合を想定して、代替手段の検討等の必要な対策を講じている
> ・（10－2）構成設備の保守・点検等が受けられなくなった場合を想定して、代替手段の検討等の必要な対策を講じている（注2）
> ③ 不正な妨害の兆候を把握可能な体制、不正な妨害が加えられた場合であっても役務提供に支障を及ぼさない構成
> ・（11）ランサムウェア等に感染した場合、特定重要設備及び構成設備に不正な妨害が行われた場合に役務の提供を継続できる体制（バックアップの取得・隔離管理、復旧手順の明確化・具体化、代替設備との交換等）を自ら整備
> ・（12）情報の漏洩等の情報セキュリティインシデントが発生した場合の対応方針・体制（マニュアル等の整備、定期的なインシデント対応の訓練等）を自ら整備
> ・（13）特定重要設備のアクセス制御に関する仕組みを講じ、特定重要設備への不正アクセスを監視する仕組みを実装することを確認できる

（注1）　特定重要設備の供給者を通じて確認している場合も含む。
（注2）　特定重要設備の供給者において検討している場合も含む。
※下線の事項については、確認書類を含めて、特定社会基盤事業者等を経由することなく、直接、事業所管大臣に提出することができる。

図表12−2　リスク管理措置の例示（重要維持管理等の委託）

※リスク管理措置はリスクの内容・程度に応じて講じられるべきものであり、<u>全てを常に講ずることが求められているものではない</u>

┌─ **重要維持管理等の委託**

④ 委託先・再委託先による変更防止のために必要な管理がなされ、管理に関する事項を確認できる旨契約等で担保
　・（14-1）委託先で、特定重要設備の操作ログや作業履歴等の保管に関する手順およびその確認手順が明確に定められており、ログや順守状況の確認等による不正行為の有無を定期的又は随時に確認することを確認
　・<u>（14-2）再委託先で、特定重要設備の操作ログや作業履歴等の保管に関する手順およびその確認手順が明確に定められており、ログや順守状況の確認等による不正行為の有無を定期的又は随時に確認することを確認</u>（注）
　・（15）特定重要設備及び構成設備への最新のセキュリティパッチの適用等の資産の管理を定期的に行い、導入予定の設備についても同様に資産の管理を定期的に行う
　・（16）委託先が保有している設計書や設備等の情報について、定められた要員以外がアクセスできないようにするなど、要員を物理的（監視カメラ等の入退室管理等）かつ論理的（データやシステムへのアクセス防御）に適切に制限することを確認
　・（17）重要維持管理等の実施環境において、定められた要員以外がアクセスできないようにするなど、運用要員を物理的（監視カメラ等の入退室管理等）かつ論理的（データやシステムへのアクセス防御）に適切に制限することを確認
　・（18-1）委託先が、サイバーセキュリティに関する教育・研修を定期的（年1回以上）に実施しており、サイバーセキュリティリテラシーの維持向上に努めている
　・<u>（18-2）再委託先が、サイバーセキュリティに関する教育・研修を定期的（年1回以上）に実施しており、サイバーセキュリティリテラシーの維持向上に努めている</u>（注）
⑤ 再委託先のサイバー対策の実施状況が委託先を通じて提供され、再委託につき承認を受けることが契約等で担保
　・（19）再委託に当たり、契約前に承認を得ることを要件とし、再委託を受けた者も、さらに再委託を行う場合には特定社会基盤事業者の承認を得ることを契約の要件とする等により、最終委託先までを把握
　・（20）再委託先に対し、委託先と同等のサイバーセキュリティ対策を講ずることを条件として設定することを契約等で担保
⑥ 委託先が契約に反し重要維持管理等の役務の提供を中断・停止するおそれがないか確認
　・（21-1）委託先の事業計画（中期経営計画等）、資産状況、役務の提供実績等を通じて事業の安定性を確認
　・<u>（21-2）再委託先の事業計画（中期経営計画等）、資産状況、役務の提供実績等を通じて事業の安定性を確認</u>（注）

（注）　委託の相手方を通じて確認している場合も含む。
※<u>下線の事項については、確認書類を含めて、特定社会基盤事業者等を経由することなく、直接、事業所管大臣に提出することができる。</u>

図表12－3　リスク管理措置の例示（管理体制の確認）

※リスク管理措置はリスクの内容・程度に応じて講じられるべきものであり、<u>全てを常に講ずることが求められているものではない</u>

> **管理体制の確認**
>
> ⑦　供給者・委託先（再委託先）について、過去の実績を含め、我が国法令や国際的基準等の遵守状況を確認
> ・（22-1）特定重要設備の供給者が、過去3年間を含め、国内の関連法規や国際的基準に反していないことを確認
> ・<u>（22-2）構成設備の供給者が、過去3年間を含め、国内の関連法規や国際的基準に反していないことを確認（注1）</u>
> ・（23-1）委託先が、過去3年間を含め、国内の関連法規や国際的基準に反していないことを確認
> ・<u>（23-2）再委託先が、過去3年間を含め、国内の関連法規や国際的基準に反していないことを確認（注2）</u>
> ⑧　特定重要設備等の供給や重要維持管理等の適切性につき、外国の法的環境等により影響を受けないことを確認
> ・（24-1）特定重要設備の供給者が、外国の法的環境や外部の主体の指示で契約違反が生じた可能性を報告することが契約等で担保
> ・<u>（24-2）構成設備の供給者が、外国の法的環境や外部の主体の指示で契約違反が生じた可能性を報告することが契約等で担保（注1）</u>
> ・（25-1）委託先が、外国の法的環境や外部の主体の指示で契約違反が生じた可能性を報告することが契約等で担保
> ・<u>（25-2）再委託先が、外国の法的環境や外部の主体の指示で契約違反が生じた可能性を報告することが契約等で担保（注2）</u>
> ・（26）特定重要設備の設置・使用場所若しくは重要維持管理等の実施場所で、監視カメラやドローン等の映像情報を得ることを目的とした機器を設置又は使用する場合、当該機器の供給者の本社等立地の法的環境等により、当該機器の映像情報の取扱いの適切性が影響を受けないことを確認
> ⑨　供給者・委託先（再委託先）に関し、我が国外部からの影響の判断に資する情報提供が得られることを契約等で担保
> ・（27）名称・所在地、役員・資本関係、事業計画・実績、製造・重要維持管理の実施場所、職員の所属・専門性等の情報提供が契約等で担保
> ・（28）契約締結後に上記の事項について変更があった場合に、適時に情報提供を受けることを契約等により担保

（注1）　特定重要設備の供給者を通じて確認している場合も含む。
（注2）　委託の相手方を通じて確認している場合も含む。
※<u>下線の事項については、確認書類を含めて、特定社会基盤事業者等を経由することなく、直接、事業所管大臣に提出することができる。</u>

② 特定重要設備又は構成設備について、将来的に保守・点検等が必要となることが見込まれる場合に、当該保守・点検等を行うことができる者が特定重要設備又は構成設備の供給者に限られるかどうか等の実態も踏まえ、供給者を選定している。

- 特定重要設備及び構成設備の供給者によるサービス保証（故障対応や脆弱性対応等）が十分に講じられている。
- 特定社会基盤事業者において、特定重要設備又は構成設備の保守・点検等が受けられなくなった場合を想定して、代替手段の検討等の必要な対策を講じている。

③ 特定重要設備及び構成設備について、不正な妨害が行われる兆候を把握可能な体制がとられており、不正な妨害が加えられた場合であっても、冗長性が確保されているなど、役務の提供に支障を及ぼさない構成となっている。

- ランサムウェア等に感染した場合のバックアップ体制（バックアップの取得・隔離管理、復旧手順の明確化等）について、具体的な管理手順等が整備されている。

［重要維持管理等の委託に係るリスク管理措置］

④ 委託された重要維持管理等の実施に当たり、委託（再委託（再委託された重要維持管理等の全部又は一部が更に委託されるものを含む。以下同じ。）を含む。）を受けた者（その従業員等を含む。）によって、特定重要設備について特定社会基盤事業者が意図しない変更[21]が加えられることを防止するために必要な管理等がなされ、その管理等に関する事項を特定社会基盤事業者が確認できることを契約等により担保している。

- 委託の相手方において特定重要設備の操作ログや作業履歴等の保管に関する手順が明確に定められており、ログの確認による不正行為の有

---

21 「意図しない変更」には、特定重要設備に不正な変更を加えることのほか、特定社会基盤事業者の意図しない形で特定重要設備の稼働を停止させること等が含まれるとしています。

無を定期的に確認している。

- 委託の相手方が、作業担当者や管理責任者に対して、サイバーセキュリティに関する教育や研修を定期的（年間１回以上）に実施しており、サイバーセキュリティリテラシーの維持向上に努めている。

⑤　重要維持管理等の再委託が行われる場合においては、再委託を受けた者のサイバーセキュリティ対策の実施状況を確認するために必要な情報が、再委託を行った者を通じて特定社会基盤事業者に提供され、また、再委託を行うことについてあらかじめ特定社会基盤事業者の承認を受けることが契約等により担保されている。

- 委託の相手方が再委託を行うに当たり、契約前に特定社会基盤事業者の承認を得ることを要件としている。
- 委託の相手方が再委託を行うに当たっては、再委託を受ける者に対し、自らと同等のサイバーセキュリティ対策を講ずることを条件として設定することを契約等により担保している。

⑥　特定社会基盤事業者が、委託の相手方が契約に反して重要維持管理等の役務の提供を中断又は停止するおそれがないかを確認している。

- 委託の相手方の事業計画及び役務の提供実績等を適切に確認している。

［管理体制の確認のために必要なリスク管理措置］

⑦　特定社会基盤事業者が、特定重要設備及び構成設備の供給者や委託（再委託を含む。）の相手方について、過去の実績を含め、我が国の法令や国際的に受け入れられた基準等の遵守状況を確認している。

- 特定重要設備及び構成設備の供給者や委託（再委託を含む。）の相手方が、過去３年間の実績を含め、国内の関連法規[22]や国際的に受け入れられた基準[23]（それに基づいて各国で整備されている規制等を含む。）に

22　例えば、国内の関連法規としては各特定社会基盤事業を規律する法律や外国為替及び外国貿易法等があるとしています。
23　例えば、国際的に受け入れられた基準としては国連決議等があるとしています。

反していないことを契約等により確認している。

⑧　特定社会基盤事業者が、特定重要設備及び構成設備の供給や委託（再委託を含む。）した重要維持管理等の適切性について、外国の法的環境等により影響を受けるものではないことを確認している。
- ●特定重要設備及び構成設備の供給者や委託（再委託を含む。）の相手方が、外国の法的環境や外部の主体の指示によって、特定社会基盤事業者との契約を違反する行為が生じた可能性がある場合、これを特定社会基盤事業者に対して報告することが契約等により担保されている。

⑨　特定社会基盤事業者が、特定重要設備及び構成設備の供給者や委託（再委託を含む。）の相手方に関して、我が国の外部からの影響を判断するに資する情報の提供が受けられることを契約等により担保している。また、契約締結後も当該情報について変更があった場合に、適時に情報提供を受けられることを契約等により担保している。
- ●特定社会基盤事業者は、特定重要設備及び構成設備の供給者や委託（再委託を含む。）の相手方の名称・所在地、役員や資本関係等、事業計画や実績、設備又は部品の製造等や重要維持管理等の実施場所、作業に従事する者の所属・専門性（情報セキュリティに係る資格・研修実績等）等に関する情報提供を受けられることが契約等により担保されている。

リスク管理措置として契約による担保を想定した場合、契約条項の検討や相手方との交渉に相応の時間を要することが考えられます。また、パブリックコメント等でも許容されている契約以外の代替手段を実施するに当たっても、その検討や実施、当局との調整等の時間をスケジュールに織り込む必要があります。管理体制の確認として例示されている、我が国法令や国際的基準等の遵守状況の確認や外国の法的環境等により影響を受けないことの確認についても、自ら調査を実施することを含め確認方法の検討及び実際の確認には時間を要することが想定されます。金融機関として

は、特定妨害行為のリスクを速やかに特定・評価した上、具体的なリスク管理措置の実施に要する時間も考慮して事前届出に向けたスケジュールを検討していくことが重要と考えられます。

3　金融機関に求められる対応

　基本指針は、リスク管理措置の例を具体的に挙げつつ、「リスク管理措置は、リスクの内容及び程度に応じて講じられるべきものであり、次に例示する措置の全てを常に講ずることが求められるものではない」としており、「事業ごとの実態を十分に踏まえることとするとともに、特定社会基盤事業者等の主体的な取組についても適切に評価する[24]」としています。金融機関としては、基本指針や主務省令等で示されるリスク管理措置の例を実施しているか否かを「形式的に」（「チェックボックスとして」）確認するのではなく、特定妨害行為のリスクを個別具体的に特定・評価し、リスクに見合ったリスク管理措置の内容を「実質的に」（「自由演技として」）実施し、その旨対外的にも説明できるよう整理しておくことが重要と考えられます[25]。

---

[24]　リスク管理措置として例示されている「契約等で担保」に関し、「「契約等」としているとおり、契約に限らず、その他の資料等に基づき判断することもあり得るため、個別に御相談いただければと思います」とされています（「特定妨害行為の防止による特定社会基盤役務の安定的な提供の確保に関する基本指針に対する意見募集の結果」112番、120番）。当該回答の前提となる意見では、契約以外の代替手段として、(a)書面や現地監査による確認、(b)委託・供給先が発行する第三者評価（SOC2レポート等）、(c)ISO等の認証取得、(d)SBOM（Software Bill of Materials）の活用、(e)特定重要設備の供給者が構成設備の開発を他の事業者に委託する場合でも委託先の国にソースコードを格納せず、常に供給者の開発環境内にソースコードを置いて、再委託先に開発してもらうことにより、安全性・信頼性を担保、等を例示しており、このような対応も事案によっては許容され得るものと考えられます。

[25]　経済安全保障推進法59条は、事業所管大臣が本制度に係る規定を施行するために必要があると認めるときは、関係者に対し、資料又は情報の提供、説明、意見の表明その他必要な協力を求めることができることとしています（「特定妨害行為の防止による特定社会基盤役務の安定的な提供の確保に関する基本指針に対する意見募集の結果」119番）。

Q13 クラウドサービスの利用

経済安全保障推進法の「基幹インフラ役務の安定的な提供の確保に関する制度」が適用される設備に関し、クラウドサービスを利用する場合にも、当該クラウドサービスに関する事前届出が必要となるのでしょうか。

A

- ①クラウドサービスを利用した特定重要設備に関する考え方、②「軽微な変更」となるプログラムの変更に関する考え方、③再委託先の情報を省略できる場合の要件に関する考え方、④設備の導入に関わる事業者として導入等計画書に記載する範囲の考え方等、一定の考え方を示すことが特に必要と考えられる事項については、2023年秋頃より可能なものから、Q&Aやガイドライン等の形で「技術的な解説」を作成・公表することが想定されています。

- クラウドサービスについては、事業者負担の軽減の観点から、政府が求めるセキュリティ要求を満たしたサービスを予め評価・登録する制度（ISMAP）を取得しているものについては、届出を省略することが適切との考えが示されています。

- 金融機関としては、上記の検討状況のほか、2023年秋頃に公表されることが見込まれる「技術的な解説」の内容等にも留意が必要と考えられます。

1　Q&A・ガイドライン（「技術的な解説」）の作成・公表について

特定社会基盤役務の安定的な提供の確保に関する制度の運用開始に当

たっては、基本指針記載の内容を政省令に反映するほか、一定の考え方を示すことが特に必要と考えられる事項については、Q&Aやガイドライン等の形で「技術的な解説」を作成・公表することが想定されています。

Q&Aやガイドラインを作成する事項の例としては、①クラウドサービスを利用した特定重要設備に関する考え方、②「軽微な変更」となるプログラムの変更に関する考え方（Q14参照）、③再委託先の情報を省略できる場合の要件に関する考え方（Q15参照）、④設備の導入に関わる事業者として導入等計画書に記載する範囲の考え方、が想定されています。2024年春頃の制度運用開始に向け、2023年秋頃より可能なものから随時作成・公表することが見込まれます。

2　クラウドサービスを利用した特定重要設備に関する考え方

内閣官房が2023年6月に公表した「特定社会基盤役務の安定的な提供の確保に関する制度の運用開始に向けた検討状況」では、①クラウドサービスを利用した特定重要設備に関する現在の検討状況が示されました。

具体的には、「クラウドサービスについては、政府が求めるセキュリティ要求を満たしたサービスを予め評価・登録する制度（ISMAP：Information system Security Management and Assessment Program）[26]が既に整備されているところ、事業者負担の軽減の観点から、ISMAPを取得しているものについては、当該制度において確認している事項等に係る情報の届出を省略することを可能とすることが適切である」との考えが示されています（図表13−1参照）[27]。

クラウドについては、基本指針に関するパブリックコメントでも複数の

26　ISMAPに登録されているクラウドサービスについては、以下から確認できます。
　　https://www.ismap.go.jp/csm?id=cloud_service_list
27　内閣官房「特定社会基盤役務の安定的な提供の確保に関する制度の運用開始に向けた検討状況について」（2023．6）p28
　　https://www.cas.go.jp/jp/seisaku/keizai_anzen_hosyohousei/r5_dai7/siryou1.pdf

図表13-1 クラウドサービスを利用した特定重要設備に関する考え方

※省略できる届出事項と要件を主務省令（様式）で定め、必要に応じ技術的な解説で補足等を行うことを想定。

> **クラウドサービスを利用する場合の基本的な考え方**
>
> ✓特定重要設備は、他の事業者が提供するクラウドサービスを利用して構築されることも想定される。
> ✓クラウドサービスについては、政府が求めるセキュリティ要求を満たしたサービスを予め評価・登録する制度（ISMAP）が既に整備されているところ、事業者負担の軽減の観点から、ISMAPを取得しているものについては、当該制度において確認している事項等に係る情報の届出を省略することを可能とすることが適切であると考えられる。

➤ISMAPは、政府が求めるセキュリティ要求を満たしているクラウドサービスを予め評価・登録する制度。

➤政府機関等はクラウドサービスを調達する際に原則、ISMAPクラウドサービスリストに登録されたサービスから調達を行う。

➤登録の申請にあたっては、①ガバナンス基準、②マネジメント基準、③管理策基準によって構成されるISMAP管理基準に沿ったセキュリティ対策を行っていることについて、監査法人による監査を受けなければならない。

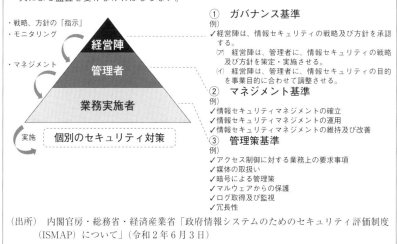

・戦略、方針の「指示」
・モニタリング

・マネジメント

経営陣
管理者
業務実施者

実施 **個別のセキュリティ対策**

① **ガバナンス基準**
例）
✓経営陣は、情報セキュリティの戦略及び方針を承認する。
　㋐ 経営陣は、管理者に、情報セキュリティの戦略及び方針を策定・実施させる。
　㋑ 経営陣は、管理者に、情報セキュリティの目的を事業目的に合わせて調整させる。

② **マネジメント基準**
例）
✓情報セキュリティマネジメントの確立
✓情報セキュリティマネジメントの運用
✓情報セキュリティマネジメントの維持及び改善

③ **管理策基準**
例）
✓アクセス制御に対する業務上の要求事項
✓媒体の取扱い
✓暗号による管理策
✓マルウェアからの保護
✓ログ取得及び監視
✓冗長性

（出所）内閣官房・総務省・経済産業省「政府情報システムのためのセキュリティ評価制度（ISMAP）について」（令和2年6月3日）

意見が寄せられています[28]。金融機関としては、上記の検討状況のほか、2023年秋頃に公表されることが見込まれる「技術的な解説」の内容等にも

---

[28] 「特定妨害行為の防止による特定社会基盤役務の安定的な提供の確保に関する基本指針に対する意見募集の結果」30番～33番、40番、41番、55番等。

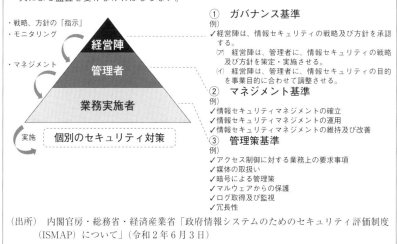

留意が必要と考えられます。

プログラムの変更・追加

設備自体には物理的には変更を加えない一方、プログラムに変更・追加を加えた場合には、経済安全保障推進法に基づく事前届出は必要となるのでしょうか。

A

- 導入等計画書に記載した機能に関係する変更・追加を行う場合には、原則として変更・追加の届出・報告等が必要となります。
- 他方で、バグの修正、UIのみの変更等の動作に影響のない追加・変更、既製品のアップデート等は「軽微な変更」として届出等は不要とされることが想定されています。
- 金融機関としては、届出や報告を要しない「軽微な変更」に関する主務省令や「技術的な解説」の作成・公表といった規制動向も踏まえ、事前届出が必要となるプログラムの変更・追加を見極めてシステム開発・保守・運用等の実務に組み込んでいくことが重要と考えられます。

1 プログラムの変更・追加に関する基本的な考え方

基本指針は、設備、機器又は装置にプログラムが含まれることを前提とした上、導入等計画書に記載した機能に関係する変更・追加を行う場合には、原則として導入等計画書の変更の届出、新たな特定重要設備の導入の届出又は構成設備の変更の報告が必要となるとしています。

2 「軽微な変更」となるプログラムの変更

　他方で、基本指針は、日常的なバグ修正等のアップデートを行う場合等、導入等計画書に記載した機能に関係する変更を伴わない変更を行う場合については、軽微な変更として届出等は不要としています。この点に関し、内閣官房が2023年6月に公表した「特定社会基盤役務の安定的な提供の確保に関する制度の運用開始に向けた検討状況について」では、導入等計画書に記載する特定重要設備や構成設備の「機能」については、当該設備が果たす役割について記載することを予定し、どのような粒度で、どのような「機能」を記載するかは特定重要設備ごとの実態を踏まえる必要があるとした上、各事業に共通する「軽微な変更」の例として次の5点を挙げています（図表14-1参照）[29]。

① 　バグ修正のみを行うもので、「機能」の動作に影響のない変更

② 　導入後、設計段階で想定されていた「機能」の動作と異なる動作を行う場合に、プログラムを供給した者が行うそれを是正するためのバグ修正

③ 　「機能」の動作に影響を及ぼさない、「機能」とは別の機能の追加

④ 　ユーザインターフェースのみを変更する、「機能」の動作に影響のない変更

⑤ 　パッケージソフトウェア（既製品）については、パッケージソフトウェアそのものの入れ替えを伴わない、パッケージソフトウェアを供給した者が行うアップデートによる変更

　今後、届出や報告を要しない「軽微な変更」については、その範囲が明確になる形で主務省令で定められ[30]、かつプログラムの変更・追加に関す

29　内閣官房「特定社会基盤役務の安定的な提供の確保に関する制度の運用開始に向けた検討状況について」（2023.6）p29
　　https://www.cas.go.jp/jp/seisaku/keizai_anzen_hosyohousei/r5_dai7/siryou1.pdf
30　「特定妨害行為の防止による特定社会基盤役務の安定的な提供の確保に関する基本指針に対する意見募集の結果」39番。

図表14－1　「軽微な変更」となるプログラムの変更に関する考え方

※「軽微な変更」に該当する要件は主務省令で定めた上で、その具体例について必要に応じ技術的な解説として作成・公表を想定。

基本指針における記載

特定重要設備にはプログラムが含まれ、また、設備、機器又は装置にもプログラムを含むものがあるところ、それらについて、導入等計画書に記載した機能に関係する変更を加える場合（新たな機能の追加を行う場合を含む。）は、原則、導入等計画書の変更の届出、新たな特定重要設備の導入の届出又は構成設備の変更の報告が必要となる。他方、導入等計画書に記載した機能に関係する変更を伴わない変更※を行う場合については、軽微な変更として届出等を不要とすることとする。

※例えば日常的なバグ修正等のアップデートを行う場合が想定される。

- ✓ 導入等計画書に記載する特定重要設備の「機能」とは、特定社会基盤役務の提供に当たって当該特定重要設備が果たす役割について記載することを予定（一の特定重要設備に対し、複数の「機能」を記載することもあり得る）。
- ✓ 構成設備の「機能」については、当該構成設備が一部を構成する特定重要設備を動作させるために果たす役割について記載することを予定。
- ✓ どのような粒度で、どのような「機能」を記載するかは、特定重要設備ごとの実態を踏まえる必要がある。

- ✓ 軽微な変更として届出や報告が不要となるものについて、各事業に共通する例として現在検討しているものは次の５点。
- ✓ 実際の軽微な変更の範囲は、特定重要設備ごとの実態を踏まえる必要がある。
  - ・バグ修正のみを行うもので、「機能」の動作に影響のない変更
  - ・導入後、設計段階で想定されていた「機能」の動作と異なる動作を行う場合に、プログラムを供給した者が行うそれを是正するためのバグ修正
  - ・「機能」の動作に影響を及ぼさない、「機能」とは別の機能の追加
  - ・ユーザインターフェースのみを変更する、「機能」の動作に影響のない変更
  - ・パッケージソフトウェア（既製品）については、パッケージソフトウェアそのものの入れ替えを伴わない、パッケージソフトウェアを供給した者が行うアップデートによる変更

る考え方についても技術的な解説の作成・公表が検討されています。金融機関としては、こうした規制動向も踏まえ、事前届出が必要となるプログラムの変更・追加を見極めてシステム開発・保守・運用等の実務に組み込んでいくことが重要と考えられます。

再 委 託

経済安全保障推進法の「基幹インフラ役務の安定的な提供の確保に関
する制度」が適用される業務委託について、再委託や再々委託等につ
いてはどの範囲まで事前届出をする必要があるのでしょうか。

A

- 特定妨害行為の防止の観点からは、最終的に委託を受けた者までの情報
  が導入等計画書に記載されることが原則となります。
- 他方、再委託を行った者が、現に行われる業務及び以後の再委託を受け
  た者を適切に管理していると認められる場合等、再委託を行った者を確
  認することにより、以後の再委託を受けた者を確認せずとも特定妨害行
  為の手段として使用されるおそれを審査することが可能である場合に
  は、以後の再委託先の情報を省略できるとされています。
- 再委託先の情報を省略できる場合として、①再委託の承認、②アクセス
  制限、③ログの管理、④監査等につき、届出を省略する以降の事業者と
  の間で契約上の担保や確認等を行うことを要件とすることが検討されて
  います。
- 金融機関としては、事前届出の対象範囲を合理的かつ現実的なものとす
  べく、重要維持管理等に関わるベンダー等を「見える化」し、上記4要
  件を充足するための必要な手当てについてQ&Aやガイドライン公表等を
  待たずに検討していくといった前広な対応を行うことが重要と考えられ
  ます。

1　再委託に関する基本的な考え方

基本指針は、再委託を行った重要維持管理等の全部又は一部を更に委託

することもあり得ることを前提とした上、特定妨害行為の防止の観点からは、最終的に委託を受けた者までの情報が導入等計画書に記載されることを原則としています。

なお、ここでの再委託は重要維持管理等の再委託を想定しています。これとは異なり、例えばプログラムの開発及び導入を委託契約に基づき行う場合も、当該プログラムが特定重要設備に該当する場合には、当該プログラムの開発及び導入は特定重要設備の導入に該当するとされています[31]。

2　再委託先の情報を省略できる場合

他方、基本指針は、再委託を行った者が、現に行われる業務及び以後の再委託を受けた者を適切に管理していると認められる場合等、再委託を行った者を確認することにより、以後の再委託を受けた者を確認せずとも特定妨害行為の手段として使用されるおそれを審査することが可能である場合には、当該再委託を行った者までの情報の届出とすることを認めています。

2023年6月に内閣官房が公表した「特定社会基盤役務の安定的な提供の確保に関する制度の運用開始に向けた検討状況について」は、再委託先についての情報の省略が可能な場合として、次の4要件の全てを満たした場合が適切であるとしています（図表15－1参照）[32]。

①　例えば、委託の相手方が再委託を行うに当たり、特定社会基盤事業者の承認を得ることを契約の要件とし、再委託を受けた者に対しても、さらに再委託を行う場合には特定社会基盤事業者の承認を得ることを契約の要件とする等により、最終委託先までを把握している

②　重要維持管理等の実施環境を提供する事業者又は届出を省略する以降

31　「特定妨害行為の防止による特定社会基盤役務の安定的な提供の確保に関する基本指針に対する意見募集の結果」48番。

32　内閣官房「特定社会基盤役務の安定的な提供の確保に関する制度の運用開始に向けた検討状況について」（2023.6）p26
　　https://www.cas.go.jp/jp/seisaku/keizai_anzen_hosyohousei/r5_dai7/siryou1.pdf

図表15－1　再委託先の情報を省略できる場合の要件に関する考え方

※要件を主務省令で定めた上で、具体的な対応等を、必要に応じ技術的な解説として作成・公表することを想定。

基本指針における記載

再委託を行った重要維持管理等の全部又は一部を更に委託することもあるところ、特定妨害行為の防止の観点からは、最終的に委託を受けた者までの情報が導入等計画書に記載されることが原則である。ただし、再委託を行った者を確認することにより、以後の再委託を受けた者を確認せずとも特定妨害行為の手段として使用されるおそれを審査することが可能である場合として、事業所管大臣が定める場合に該当するときは、当該再委託を行った者までの情報の届出とすることを認めることとする。この場合の詳細については主務省令において定めることとするが、例えば、再委託を行った者が、現に行われる業務及び以後の再委託を受けた者を適切に管理していると認められる場合等が考えられる。

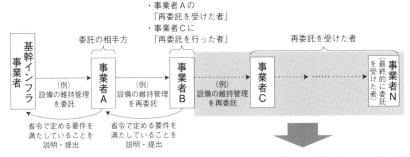

再委託先についての情報の省略が可能な場合とは、次の4要件の全てを満たした場合が適切であると考えられる。

要件①：特定社会基盤事業者は、例えば、委託の相手方が再委託を行うに当たり、特定社会基盤事業者の承認を得ることを契約の要件とし、再委託を受けた者に対しても、さらに再委託を行う場合には特定社会基盤事業者の承認を得ることを契約の要件とする等により、最終委託先までを把握している。

要件②：特定社会基盤事業者又は届出を省略する直前の事業者は、重要維持管理等の実施環境を提供する事業者又は届出を省略する以降の重要維持管理等を実施する事業者が、定められた運用要員以外がアクセスできないようにするなど物理的（入退室管理等）かつ論理的（データやシステムへのアクセス制御）にアクセス可能な者を適切に制限した環境で重要維持管理等を実施することを契約等で担保しており、また、そのことを確認している。

要件③：特定社会基盤事業者又は届出を省略する直前の事業者は、重要維持管理等の実施環境を提供する事業者又は届出を省略する以降の重要維持管理等を実施する事業者が、特定重要設備の操作ログや作業履歴等の保管に関する手順及びその確認に関する手順を明確に定め、ログや当該手順の順守状況の確認等により不正行為の有無を自ら定期的に又は随時に確認することを契約等で担保しており、また、そのことを確認している。

要件④：特定社会基盤事業者又は届出を省略する直前の事業者は、届出を省略する以降の重要維持管理等を実施する事業者に対して定期的に又は随時に監査を行う等により、要件②及び③を含む措置等を遵守していることが確認できることを契約等で担保しており、また、そのことを確認している。

の重要維持管理等を実施する事業者が、定められた運用要員以外がアクセスできないようにするなど物理的（入退室管理等）かつ論理的（データやシステムへのアクセス制御）にアクセス可能な者を適切に制限した環境で重要維持管理等を実施することを契約等で担保しており、また、そのことを確認している

③　重要維持管理等の実施環境を提供する事業者又は届出を省略する以降の重要維持管理等を実施する事業者が、特定重要設備の操作ログや作業履歴等の保管に関する手順及びその確認に関する手順を明確に定め、ログや当該手順の順守状況の確認等により不正行為の有無を自ら定期的に又は随時に確認することを契約等で担保しており、また、そのことを確認している

④　届出を省略する以降の重要維持管理等を実施する事業者に対して定期的に又は随時に監査を行う等により、要件②及び③を含む措置等を遵守していることが確認できることを契約等で担保しており、また、そのことを確認している

　重要維持管理等の最終の委託先まで全て事前届出事項を調査・届出することは実務上相応の負担となることが想定される一方[33]、再委託先の情報を省略するための上記4要件を充足するためには、予め①再委託の承認、②アクセス制限、③ログの管理、④監査等に関する契約上の担保や実務等に対応する必要があります。金融機関としては、事前届出の対象範囲を合理的かつ現実的なものとすべく、重要維持管理等に関わるベンダー等を「見える化」し、上記4要件を充足するための必要な手当てについてQ&Aやガイドライン公表等を待たずに検討していくといった前広な対応を行うことが重要と考えられます。

---

[33]　なお、再委託先に求める届出事項の粒度を供給者と同等とした際は把握が困難となる可能性があるとの意見に対し、「導入等計画書の記載事項やその様式は、今後主務省令で定めることとしています」と回答しています（「特定妨害行為の防止による特定社会基盤役務の安定的な提供の確保に関する基本指針に対する意見募集の結果」83番）。

審査に当たっての考慮要素

事業者の事前届出に対し、事業所管大臣はどのような要素を考慮して
審査するのでしょうか。

A

- 基本指針は、詳細な審査基準を示すことは特定妨害行為を行おうとする
主体を利することになりかねない一方で、可能な限り明確化し、特定社
会基盤事業者等の予見性を確保する必要があるとし、①外部にある主体
からの強い影響、②妨害のおそれの評価と評価に応じたリスク管理措
置、③脆弱性・不適切性・不遵守等の指摘、④我が国及び同盟国・同志
国に対する妨害行為への関与、等の要素を審査に当たって考慮するとし
ています。

- 加えて、特に国家の関与が疑われるサイバー活動を踏まえ、我が国の外
部にある主体から強い影響を受けている事業者からの設備の導入等につ
いて慎重な審査を行うこと、我が国が経済制裁措置をとっている対象及
びその対象から強い影響を受けている事業者からの特定重要設備の導入
等については、慎重な審査を行うことにつき付言しています。

- 特定社会基盤事業者として指定されない金融機関も含め、上記 4 要素
や、「我が国の外部にある主体から強い影響を受けているか」「我が国が
経済制裁措置をとっている対象及びその対象から強い影響を受けている
か」等、当局の目線を自らの経済安全保障リスクの評価に適切に反映し
ていくことが重要と考えられます。

1 審査に当たっての考慮要素

経済安全保障推進法52条 4 項は、導入等計画書の届出があった場合、特

定重要設備が特定妨害行為の手段として使用されるおそれが大きいかどう
かを審査することとしています。この点に関し、基本指針は、「詳細な審
査基準を示すことは特定妨害行為を行おうとする主体を利することになり
かねない[34]」一方で、「特定社会基盤事業者等が規制による想定外の不利
益が及ぶ可能性に萎縮し、本来予定していた特定重要設備の導入又は重要
維持管理等の委託を過度にためらうことのないようにすることが必要」と
し、「審査に関する考え方については、可能な限り明確化し、特定社会基
盤事業者等の予見性を確保する必要がある」としています。

　具体的には、特定重要設備が特定妨害行為の手段として使用されるおそ
れが大きいかどうかを審査するに当たって、以下の4要素を考慮し、こう
した要素等を踏まえ、当該特定重要設備が特定妨害行為の手段として使用
されるおそれが大きいと認めるときは、勧告及び命令を行う場合があると
しています（図表16－1参照）。

① 特定社会基盤事業者が導入等を行おうとする特定重要設備の供給者等
　が我が国の外部にある主体から強い影響を受けているかどうか

② 特定社会基盤事業者が導入等を行おうとする特定重要設備について、
　特定社会基盤役務の安定的な提供が妨害されるおそれに関する評価を自
　ら行い、その結果に応じて、リスク管理措置を講じているかどうか

③ 特定社会基盤事業者が導入等を行おうとする特定重要設備について、
　その供給者等が供給する特定重要設備及び構成設備に関する製品に対し
　て脆弱性が指摘された例、その供給者等が実施する重要維持管理等に対
　して不適切性が指摘された例及びその供給者等に対して我が国の法令や

---

34 「特定妨害行為の手段として使用されるおそれの大きい事業者や機器、過去審査に
　通過した事業者や機器のリスト（いわゆる「ブラックリスト」）」等については、特定
　重要設備を供給し得る事業者が多岐にわたる中でリスクのある事業者・機器等を予め
　網羅的かつ詳細に明らかにしておくことが困難であることや、公表することによりか
　えって抜け穴として利用されるおそれがあること等の理由から、その作成・公表につ
　いては現時点では考えていないとしています（「特定妨害行為の防止による特定社会
　基盤役務の安定的な提供の確保に関する基本指針に対する意見募集の結果」113番）。

図表16-1　審査に当たっての考慮要素

1 外部にある主体からの強い影響	・特定社会基盤事業者が導入等を行おうとする特定重要設備の供給者等が我が国の外部にある主体から強い影響を受けているかどうか
2 妨害のおそれの評価と評価に応じたリスク管理措置	・特定社会基盤事業者が導入等を行おうとする特定重要設備について、特定社会基盤役務の安定的な提供が妨害されるおそれに関する評価を自ら行い、その結果に応じて、リスク管理措置を講じているかどうか
3 脆弱性・不適切性・不遵守等の指摘	・特定社会基盤事業者が導入等を行おうとする特定重要設備について、その供給者等が供給する特定重要設備及び構成設備に関する製品に対して脆弱性が指摘された例 ・その供給者等が実施する重要維持管理等に対して不適切性が指摘された例 ・その供給者等に対して我が国の法令や国際的に受け入れられた基準等の不遵守等が指摘された例
4 その他	・我が国及び同盟国・同志国に対する妨害行為に関与したとの指摘がなされている場合

※国家の関与が疑われるサイバー活動で国民生活・経済活動の基盤となる役務の安定的提供が妨害され、社会的に大きな混乱が生ずる事案の発生に鑑み、我が国外部から行われる妨害行為に着目し、我が国外部の主体から強い影響を受けている事業者からの設備の導入等につき慎重に審査
※我が国が経済制裁措置をとっている対象及びその対象から強い影響を受けている事業者からの特定重要設備の導入等につき慎重に審査

　国際的に受け入れられた基準等の不遵守等が指摘された例

④　①から③までのほか、特定重要設備の導入等又は特定重要設備の供給者等に関して特定重要設備が特定妨害行為の手段として使用されるおそ

れに関する事項[35]

基本指針は、上記 4 要素に加え、戦後最も厳しく複雑な安全保障環境等に直面していること等も踏まえ、以下 2 点につき付言しています。

- 近年サイバー空間においては、特に国家の関与が疑われるサイバー活動[36]も行われているものとみられており、審査を行うに当たっては、我が国の外部にある主体から強い影響を受けている事業者からの設備の導入等について慎重な審査を行う必要があること
- 我が国が経済制裁措置をとっている対象及びその対象から強い影響を受けている事業者からの特定重要設備の導入等については、慎重な審査を行う必要があること

2　金融機関に求められる対応

金融機関としては、導入等計画書の作成に当たっては、所定の様式に則るのみならず、当局の考慮要素である上記 4 要素を意識して作成することが重要と考えられます。

また、当局が示した審査に当たっての考慮要素は、経済安全保障に関する当局の目線を示すものであるのみならず、金融機関が自ら経済安全保障リスクを特定・評価するに当たっても参考とすべき要素といえます。特定社会基盤事業者として指定されない金融機関も含め、上記 4 要素や、「我が国の外部にある主体から強い影響を受けているか」「我が国が経済制裁措置をとっている対象及びその対象から強い影響を受けているか」等、当局の目線を自らの経済安全保障リスクの評価に適切に反映していくことが

35　例えば、我が国及び同盟国・同志国に対する妨害行為に関与したとの指摘がなされている場合が含まれるとしています。

36　同様の認識は、サイバーセキュリティ基本法12条 4 項・ 5 項に基づいて内閣サイバーセキュリティセンター（NISC：National center of Incident readiness and Strategy for Cybersecurity）が公表する「サイバーセキュリティ戦略」（2021.9.28）においても示されています（「3.2. 国際情勢からみたリスク」「4.3. 国際社会の平和・安定及び我が国の安全保障への寄与」等）。

重要と考えられます。

Q17 **事前届出に対する勧告・命令等**

事業者の事前届出に対し、事業所管大臣が勧告・命令等を行うことは
あるのでしょうか。

A

- 経済安全保障推進法は、特定重要設備が特定妨害行為の手段として使用
されるおそれが大きいと認められるときは、特定社会基盤事業者に対し
て導入等計画書の内容の変更その他の特定妨害行為を防止するため必要
な措置を講ずること又は特定重要設備の導入若しくは重要維持管理等の
委託の中止を勧告する旨規定しています（52条6項）。

- 基本指針は、「導入等計画書の内容の変更その他の特定妨害行為を防止
するため必要な措置」について、①リスク低減措置の実施（更なるリス
ク管理措置の実施等）や②構成設備の供給者の変更等が考えられるとし
ています。

- 当局が勧告を検討するような事態に陥らないためにも、自ら評価した経
済安全保障リスクに見合ったリスク低減措置を適切に講じていくことが
重要と考えられます。

1 事前届出に対する勧告・命令等

　経済安全保障推進法は、特定重要設備が特定妨害行為の手段として使用
されるおそれが大きいと認められるときは、特定社会基盤事業者に対して
導入等計画書の内容の変更その他の特定妨害行為を防止するため必要な措
置を講ずること又は特定重要設備の導入若しくは重要維持管理等の委託の

中止を勧告する旨規定しています（52条6項）。基本指針は、「導入等計画書の内容の変更その他の特定妨害行為を防止するため必要な措置」について、①リスク低減措置の実施（更なるリスク管理措置の実施等）や②構成設備の供給者の変更等が考えられるとしています。

　経済安全保障推進法は、勧告を受けた特定社会基盤事業者は10日以内に、当該勧告を応諾するかしないか及び応諾しない場合にあってはその理由を通知しなければならないとしています（52条7項）。

　勧告を受けた特定社会基盤事業者が通知をしなかった場合又は当該勧告を応諾しない旨の通知をした場合であって当該勧告を応諾しないことについて正当な理由がないと認められるときは、当該特定社会基盤事業者に対し命令を行うことができることとしています[37]（52条10項）。

　基本指針は、特定重要設備の導入又は重要維持管理等の委託の中止の勧告及び命令は、事業者の経済活動に影響を及ぼし、役務の安定的な提供に支障が生じ得る可能性もあることから、その他の対応によっては特定重要設備が特定妨害行為の手段として使用されるおそれを低減できない場合[38]など、合理的に必要と認められる限度において行うこととするとしています。

2　金融機関に求められる対応

　上記のとおり、「導入等計画書の内容の変更その他の特定妨害行為を防止するため必要な措置」について、基本指針は①リスク低減措置の実施（更なるリスク管理措置の実施等）や②構成設備の供給者の変更等を挙げて

37　なお、経済安全保障推進法88条は行政手続法の適用を除外しており、命令等の理由は国の安全等の観点から示さないこととしています（「特定妨害行為の防止による特定社会基盤役務の安定的な提供の確保に関する基本指針に対する意見募集の結果」133番）。

38　例えば、計画の中止に至らない有効かつ現実的な防止措置が見当たらない場合が考えられます（「特定妨害行為の防止による特定社会基盤役務の安定的な提供の確保に関する基本指針に対する意見募集の結果」136番）。

います。当局が勧告を検討するような事態に陥らないためにも、自ら評価した経済安全保障リスクに見合ったリスク低減措置を適切に講じていくことが重要と考えられます。なお、導入の段階で②構成設備の供給者の変更を行うことは現実的でないことも想定されるほか、①更なるリスク管理措置の実施にも時間を要し、当初想定したスケジュールどおりに導入が進まない可能性も考えられます。

このような事態を回避すべく、金融機関としては、必要に応じ事前相談窓口等を活用しながら、当局と前広に相談等を行うことが重要と考えられます。

> ## Q18 / 事前届出に対する変更の届出・報告
>
> 事前届出につき、変更の届出・報告を行う必要があるのはどのような場合でしょうか。

A

- 経済安全保障推進法は、導入等計画書記載事項に「重要な変更」を行う場合には、あらかじめ、導入等計画書の変更の案を作成し、届け出なければならないとしています。

- 導入等計画書の変更の届出は、特定重要設備の導入を行う前又は重要維持管理等を行わせる前に行う必要があり、審査が完了するまでの間、特定重要設備の導入又は重要維持管理等が禁止されることとなります。

- 外部ベンダーによるプログラムの変更・追加等、金融機関自身以外の外部の事情によって事前の変更届出が必要となり、結果として導入等のスケジュールに遅れが出るといった事態を可能な限り避けるべく、ベンダーや当局等と事前の調整を行っておくことが重要と考えられます。

1 導入等計画書の変更の届出・報告が必要となる場合

経済安全保障推進法は、導入等計画書記載事項に「重要な変更」を行う場合には、あらかじめ、導入等計画書の変更の案を作成し、届け出なければならないとしています[39]（54条1項）。

経済安全保障推進法は、導入等計画書記載事項に「軽微な変更」をしたときは届出及び報告を不要とし、「それ以外の変更で重要な変更以外の変更」をしたときは、当該変更の内容を遅滞なく報告しなければならないとしています（54条4項）。

「重要な変更」「軽微な変更」の具体的内容については、施行規則で定めることが想定されています。

2 金融機関に求められる対応

導入等計画書の変更の届出は、特定重要設備の導入を行う前又は重要維持管理等を行わせる前に行う必要があり[40]、審査が完了するまでの間、特定重要設備の導入又は重要維持管理等が禁止されることとなります[41]。外部ベンダーによるプログラムの変更・追加（Q14参照）等、金融機関自身以外の外部の事情によって事前の変更届出が必要となり、結果として導入等のスケジュールに遅れが出るといった事態を可能な限り避けるべく、ベ

---

39 ただし、導入等計画書の記載事項に係る重要な変更をすることが緊急やむを得ない場合については、例外的に事前届出・事前審査を免除し、変更の内容を記載した導入等計画書を遅滞なく事業所管大臣に届け出ることとしています（54条1項但書、3項）。

40 「特定妨害行為の防止による特定社会基盤役務の安定的な提供の確保に関する基本指針に対する意見募集の結果」137番。なお、重要維持管理等を一定期間行わせる場合において、その開始後に変更する場合にあっては、実際に当該変更をする前に変更の届出を行う必要があります。

41 「特定妨害行為の防止による特定社会基盤役務の安定的な提供の確保に関する基本指針に対する意見募集の結果」139番。なお、経済安全保障推進法は、変更の届出に関しても、原則として、届出を受理した日から起算して30日を経過する日までは、特定重要設備の導入を行い、又は重要維持管理等を行わせてはならないとしています（54条2項が準用する52条3項）。

ンダーや当局等と事前の調整を行っておくことが重要と考えられます。

Q19 導入後の勧告・命令等

事前届出を行い、事業所管大臣の審査を経て導入した設備に関し、導入後に勧告・命令等が出されることはあるのでしょうか。

A

- 経済安全保障推進法は、国際情勢の変化その他の事情の変更により、特定重要設備が特定妨害行為の手段として使用され、又は使用されるおそれが大きいと認めるに至ったときは、例外的に、特定重要設備の導入等を行うことができることとなった後等であっても、当該特定重要設備について、特定妨害行為を防止するために必要な措置をとるべきことを勧告・命令できるとしています。

- 基本指針は、勧告・命令を行うに当たり、例えば勧告・命令の対象となる特定重要設備の導入又は重要維持管理等の委託についてその時点の状況を正確に把握する必要がある場合等には、経済安全保障推進法58条に基づき、特定社会基盤事業者に対し、その状況について報告等を求め、又は検査等を行うことがあるとしています。

- 金融機関としては、変化が速く「ムービングターゲット」としての性質を有する経済安全保障を巡る国際情勢等を適時適切に把握・捕捉し、自らの経済安全保障リスクを適切に管理するとともに、当局その他関係者に対外的に説明できるよう整理しておくことも重要と考えられます。

1 導入後の勧告及び命令に関する考え方

経済安全保障推進法は、国際情勢の変化その他の事情の変更により、特

定重要設備が特定妨害行為の手段として使用され、又は使用されるおそれが大きいと認めるに至ったときは、例外的に、特定重要設備の導入等を行うことができることとなった後等であっても、当該特定重要設備について、特定妨害行為を防止するために必要な措置をとるべきことを勧告・命令できるとしています（55条）。

基本指針は、「国際情勢の変化その他の事情の変更」について、導入等計画書についての審査の際には認められなかった事情が生じ、それによって特定重要設備が特定妨害行為の手段として使用されるおそれが大きいかどうかの判断に影響を及ぼすような事情の変更をいうとしています。

2　勧告及び命令に関する手続

基本指針は、勧告・命令を行うに当たり、例えば勧告・命令の対象となる特定重要設備の導入又は重要維持管理等の委託についてその時点の状況を正確に把握する必要がある場合等には、経済安全保障推進法58条に基づき、特定社会基盤事業者に対し、その状況について報告等を求め、又は検査等を行うことがあるとしています。

経済安全保障推進法は、必要があると認めるときは、内閣総理大臣、関係行政機関の長その他の関係者に対し、資料又は情報の提供、説明、意見の表明その他必要な協力を求めることができるとしています（59条）。基本指針は、「必要な協力」に関し、特定重要設備の供給者、重要維持管理等の委託の相手方等に対しても求めることがあるとしています。

3　金融機関に求められる対応

基本指針は、導入後の勧告・命令は導入前に比して事業者の経済活動に与える影響が大きいと考えられることから、その影響を十分に考慮し、安全保障を確保するため合理的に必要と認められる限度において行われなければならないことに一層配慮して行う必要があるとしており、実際に勧告・命令が金融機関に対して出される場面は多くないのではないかと想定

されます。

　もっとも、仮に勧告・命令を出す事態にまでは至らなくても、実際に金融機関の業務上安全保障上の懸念が生じた場合には、当該金融機関のみならず同種の業態の金融機関に対しても当局によるモニタリングや検査が行われる可能性が考えられます。

　基本指針は、勧告・命令の要否の判断に当たって、内閣総理大臣や関係行政機関の長が保有する様々な情報や知見を総合的に勘案した上で、基本方針（法第49条第1項の規定及び経済施策を一体的に講ずることによる安全保障の確保の推進に関する基本的な方針（令和4年9月30日閣議決定））及び基本指針との整合性、その時々の国際情勢、我が国を取り巻く安全保障環境等を考慮する必要があるとしています。金融機関としては、変化が速く「ムービングターゲット」としての性質を有する経済安全保障を巡る国際情勢等を適時適切に把握・捕捉し、自らの経済安全保障リスクを適切に管理するとともに、当局その他関係者に対外的に説明できるよう整理しておくことも重要と考えられます。

Q20　遡及適用に関する考え方

　経済安全保障推進法の「基幹インフラ役務の安定的な提供の確保に関する制度」は、既に導入済みの設備に対しても適用され、事前届出が必要となるのでしょうか。

A

● 事業者に対して予見できない規制を課す結果となることを避けるため、導入等計画書の届出義務が生じた時点で既に完了している特定重要設備の導入や、既に開始している重要維持管理等の委託については、原則として遡及適用せず、事後的に届出義務を課すことは行わないとしていま

す。

- もっとも、基本指針は、重要維持管理等の委託について、委託の内容等を変更することなく契約の更新を行う場合については、重要維持管理等の委託の始期が導入等計画書の届出義務の生ずる前か後かにかかわらず、契約の更新に基づき重要維持管理等を行わせる前に導入等計画書の届出が必要となるとしています。
- 委託契約の内容や終期等を確認の上、届出義務の有無やその準備に要する期間等を考慮し、必要に応じた契約内容の見直しを含む対応方法を検討しておくことが重要と考えられます。

1 遡及適用に関する基本的考え方

既に導入が完了している特定重要設備や、既に開始している重要維持管理等の委託に対して届出義務を課すことは、事業者に対して予見できない規制を課す結果となり、多大な負担や混乱が生ずることが想定されます。そこで、基本指針は、導入等計画書の届出義務が生じた時点で既に完了している特定重要設備の導入や、既に開始している重要維持管理等の委託については、事後的に届出義務を課すことは行わないとしています。また、これらについては経済安全保障推進法55条に基づく導入等後の勧告及び命令が行われるものではないとしています。

2 重要維持管理等の委託に届出義務が発生する場合

もっとも、基本指針は、以下の場合には本制度の規制が適用されるとしています。

- 導入等計画書の届出義務が生ずる前に導入を行った特定重要設備について、導入等計画書の届出義務が生じた後にその重要維持管理等の委託を開始する場合
- 重要維持管理等の委託について、委託の内容等を変更することなく契

約の更新を行う場合

　特に後者については、重要維持管理等の委託の始期が導入等計画書の届出義務の生ずる前か後かにかかわらず、契約の更新に基づき重要維持管理等を行わせる前に導入等計画書の届出が必要となるとし、かつ同一の内容で同等の期間の契約の更新を行う旨を定めるような、いわゆる自動更新に関する条項に基づき契約の更新を行う場合も含むとしています。

　内容に変更を伴わない自動更新に基づく委託契約の更新は実務上数多く行われるものと想定されます。金融機関においては、委託契約の内容や終期等を確認の上、届出義務の有無やその準備に要する期間等を考慮し、必要に応じた契約内容の見直しを含む対応方法を検討しておくことが重要と考えられます。

Q21　施行に向けたスケジュール

経済安全保障推進法の「基幹インフラ役務の安定的な提供の確保に関する制度」の運用開始に向けたスケジュールは、どのように予定されているでしょうか。

A

- 経済安全保障推進法のうち、基幹インフラ役務の安定的な提供の確保に関する部分については、「特定社会基盤事業者」の指定から6か月以内に適用を開始するとされており、2024年春に施行を開始することが予定されています。

- 2024年春の施行までに、経済安全保障推進法や基本指針の内容をより詳細に定める政省令やQ&A・ガイドライン等が公表・確定することが想定されています。

- 基幹インフラ役務の安定的な提供の確保に関する規制の適用の有無にか

かわらず、金融機関としては、政省令やQ＆A・ガイドライン等の公表の動向に留意し、経済安全保障推進法対応の側面のみならず、経済安全保障リスク管理態勢の構築に活用していくことが重要と考えられます。

1　基幹インフラ役務の安定的な提供の確保に関する規制の施行日

経済安全保障推進法は、2022年5月18日に公布されています。同法のうち、基幹インフラ役務の安定的な提供の確保に関する部分は、公布から1年9月以内に施行されます。すなわち、基本指針も含めた基幹インフラに関する規制は、最長で2024年2月17日までに施行されることになります。

他方で、基本指針が適用される「特定社会基盤事業者」の指定は、公布から1年6月以内、すなわち、最長で2023年11月17日までに行われます。この「特定社会基盤事業者」の指定から6か月間は、経過措置として経済安全保障推進法の適用を開始しないとされています。この経過措置の適用により、最長で2024年5月17日までは適用が開始されない可能性があります。例えば、2023年10月1日に「特定社会基盤事業者」が指定された場合、当該事業者に対する基幹インフラ役務の安定的な提供の確保に関する規制の適用は、2024年4月1日から開始されることとなります。

2　施行に向けたスケジュール

2023年4月に基本指針が確定し、同時にパブリックコメントに対する考え方が公表されています。もっとも、基本指針及びパブリックコメントに対する考え方においても、詳細は政省令に委ねられる旨の記載が複数みられます。リスク管理措置の内容を含む事前届出事項の詳細も政省令に委ねられており、実際に届出をするに当たっては、これら政省令に記載した事項を漏れなく確認し、適切に対応していくことが重要となります。

政省令については、特定社会基盤事業や特定重要設備、特定社会基盤事

業者の指定基準等に関する政省令の案が2023年6月に公表され、8月9日、確定しました。また、重要維持管理や届出事項等に関する省令については、2023年秋頃に公表されることが予定されています。

　政省令の内容には、リスク管理措置の詳細や届出が必要となる株主・役員の氏名・国籍等、「特定社会基盤事業者」以外の金融機関が経済安全保障リスク管理を行う上で有用となる内容も含まれることが想定されます。基幹インフラ役務の安定的な提供の確保に関する規制の適用の有無にかかわらず、金融機関としては、政省令の公表の動向等に留意することが重要となります。

　また、政省令に加え、Q&Aやガイドラインが作成・公表されることも想定されています。2023年6月に内閣官房が公表した「特定社会基盤役務の安定的な提供の確保に関する制度の運用開始に向けた検討状況について」では、「Q&Aやガイドラインを作成する事項の例」として、①再委託先の情報を省略できる場合の要件に関する考え方、②クラウドサービスを利用した特定重要設備に関する考え方、③「軽微な変更」となるプログラムの変更に関する考え方、④設備の導入に携わる事業者として導入等計画書に記載する範囲の考え方が例示されています。これらに関しては、「技術的な解説」として、可能なものから随時作成・公表予定とされている一方、2023年6月の内閣官房の公表では、上記①〜④を含む現在の検討状況の詳細が示されています（Q13〜Q15等参照）。

　金融機関としては、導入等計画書への記載といった経済安全保障推進法対応の側面のみならず、サードパーティ・リスク管理の一環として経済安全保障の目線を考慮するといった側面からも、クラウドや再委託等に関するQ&A/ガイドラインの記載を参考とすることが考えられます（サードパーティ・リスク管理に関しては、Q33、Q34参照）。

Q22　経済安全保障推進法上の「特定社会基盤事業者」となる金融機関

経済安全保障推進法の「基幹インフラ役務の安定的な提供の確保に関する制度」は、全ての金融機関に適用があるのでしょうか。

A

● 基幹インフラ役務の安定的な提供の確保に関する部分が適用される「特定社会基盤事業者」については、①特定社会基盤事業を行う事業者の数や規模、②地理的分散等の市場構造、③設備の利用実態及び役務の安定的な提供に支障が生じた場合に国家及び国民の安全を損なう事態を生ずるおそれの大きさ等を踏まえ、事業所管大臣が指定できるとしています。

● 金融機関に対する指定基準は、省令で定められることが想定されており、例えば銀行業に関しては、規模の観点から預金残高（10兆円以上）が基準とされるとともに、利用実態やシステム障害等が生じた場合の影響等の観点から口座数（1000万口座以上）やATM台数（1万台以上）が基準とされています。

● 金融機関としては、上記指定基準への該当の可能性とともに、当局による指定基準の見直しの動向等にも留意し、基幹インフラ役務の安定的な提供の確保に関する規制の適用の有無を確認することが重要と考えられます。

1　特定社会基盤事業者の指定に関する考え方

　経済安全保障推進法のうち、基幹インフラ役務の安定的な提供の確保に関する規制が適用される「特定社会基盤事業者」について、同法50条1項は、事業所管大臣が指定できるとして、事業所管大臣に裁量を認めています。このように事業所管大臣に裁量を認めている趣旨に関し、基本指針

は、「特定社会基盤事業者の指定は、指定基準を満たすことにより機械的に行われるものではなく、特定社会基盤事業の状況や事業者が提供する役務の実態等も踏まえて判断し、行われるものであるため」とし、「指定基準を満たしても指定しない事業者がある場合には、例えば、必要に応じてその理由を説明するなどの対応を行うことが望ましい」としています。経済安全保障推進法上は、指定基準につき主務省令で定めた上で、具体的な事業者の指定は告示で行うことが前提とされています。

　基本指針は、特定社会基盤事業者の指定に関し、経済的社会的観点から、適正な競争関係を不当に阻害しないよう配慮すること、中小規模の事業者の指定についてはより慎重に検討を行うことに留意するとしています。

　特定社会基盤事業者の指定基準は、①特定社会基盤事業を行う事業者の数や規模、②地理的分散等の市場構造、③設備の利用実態及び役務の安定的な提供に支障が生じた場合に国家及び国民の安全を損なう事態を生ずるおそれの大きさなどの特定社会基盤事業ごとの実態等を反映するものといえます。そこで、基本指針では、これらの考慮要素に変更が生じた場合には、必要に応じ指定基準の見直しを行うとしています。また、事業所管大臣は、適当な期間ごとに、特定社会基盤事業者が指定基準を満たしているかを確認し、指定基準を満たさなくなったことを把握した場合には、速やかに指定を解除するとしています。

2　金融機関に対する指定基準

　金融機関に対する指定基準に関しては、2023年6月15日、金融庁より「経済施策を一体的に講ずることによる安全保障の確保の推進に関する法律に基づく特定社会基盤事業者の指定等に関する内閣府令（案）」等が公表され、8月9日に確定しました[42]。これらの内容は、基幹インフラ制度

42　https://www.fsa.go.jp/news/r5/sonota/20230809/20230809.html

の運用開始に向けた検討状況として公表されていた内容と概ね一致しています（図表22-1〜図表22-3）[43]。例えば銀行業に関しては、規模の観点から預金残高（直近3事業年度末日平均10兆円以上）が基準とされるとともに、利用実態やシステム障害等が生じた場合の影響等の観点から口座数（直近3事業年度末日平均1000万口座以上）やATM台数（直近3事業年度末日平均1万台以上）が基準とされています。これらの基準により、いわゆるメガバンク等の大手行や、規模の大きい地方銀行・ネットバンク・コンビニ系銀行等が対象となることが見込まれます。

　金融機関としては、上記指定基準への該当の可能性とともに、当局による指定基準の見直しの動向等にも留意し、基幹インフラ役務の安定的な提供の確保に関する規制の適用の有無を確認することが重要と考えられます。

43　内閣官房「特定社会基盤役務の安定的な提供の確保に関する制度の運用開始に向けた検討状況について」（2023.6）p11-15
　　https://www.cas.go.jp/jp/seisaku/keizai_anzen_hosyohousei/r5_dai7/siryou1.pdf

図表22−1　特定社会基盤事業・特定社会基盤事業者指定基準の考え方（案）
　　　　　　　―金融（1/3）

法50条1項13号・14号に定める事業		特定社会基盤事業の指定有無（案）	特定社会基盤事業者指定基準（省令）	内閣官房「特定社会基盤役務の安定的な提供の確保に関する制度の運用開始に向けた検討状況について」（2023.6）における追記事項
銀行法第2条第2項各号に掲げる行為のいずれかを行う事業	銀行法第2条第2項に規定する銀行業	指定対象	銀行業を営む者のうち次の基準に該当する者 ・直近の3事業年度末日における預金残高の平均：10兆円以上　又は ・直近の3事業年度末日における預金口座数の平均：1,000万口座以上　又は ・直近の3事業年度末日における国内に設置のATM台数の平均：1万台以上	※指定事業者の預金残高シェアの合計が5割超を確保できる数値を目安として設定。 ※加えて口座数やATM台数が多く、その役務の機能停止の影響が広範に及び得る銀行も規制対象とする。 ※銀行間の取引に用いられる全銀ネットも別途の事業（資金清算業）で規制対象としている。
	系統中央機関が行うもの	指定対象	信用金庫法、中小企業等協同組合法、労働金庫法、農林中央金庫法に基づき、系統中央機関の業務（預金の受入れ、資金の貸付け、為替取引）を行う者	（系統中央機関全者を指定）
	労働金庫が行うもの	指定対象	― （労働金庫が行うものであって国家及び国民の安全を損なう事態を生ずるおそれが大きいと考えられるものはないことから、指定基準を定めないこととする。）	―
	資金決済に関する法律第2条第2項に規定する資金移動業	指定対象	資金移動業を営む者のうち次の基準に該当するもの ・直近の3事業年度末日における利用者数の平均：1,000万人以上　かつ ・直近の3事業年度で為替取引により移動させた資金の合計額の平均：4,000億円以上	※指定事業者の利用者数の合計が5割超を確保できる数値を目安として設定するとともに取扱額も考慮。
	上記以外のもの（信用組合等の協同組織金融機関が行うもの等）	指定対象外	―	―

図表22－2　特定社会基盤事業・特定社会基盤事業者指定基準の考え方（案）
　　　　　　　―金融（2/3）

法50条1項13号・14号に定める事業	特定社会基盤事業の指定有無（案）	特定社会基盤事業者の指定基準（省令）	内閣官房「特定社会基盤役務の安定的な提供の確保に関する制度の運用開始に向けた検討状況について」（2023.6）における追記事項
保険業法第2条第2項に規定する保険業		保険業を行う者のうち次の基準に該当するもの	
	指定対象	【生命保険業免許を受けた者】 ・直近の3事業年度における保険金等支払金（再保険料を除く）の平均：1.5兆円以上　又は ・直近の3事業年度末日の契約件数の平均：2,000万件以上	※指定事業者の保険金等支払金（再保険料を除く）のシェアの合計が5割超を確保できる数値を目安として設定。 ※加えて契約件数が多く、役務の機能停止の影響が広範に及び得る生保も規制対象とする。
		【損害保険業免許を受けた者】 ・直近の3事業年度における元受正味保険金の平均：1兆円以上　又は ・直近の3事業年度末日の契約件数の平均：2,000万件以上	※指定事業者により元受正味保険金のカバー率5割超を確保できる数値を目安として設定。 ※加えて契約件数が多く、役務の機能停止の影響が広範に及び得る損保も規制対象とする。
金融商品取引法第2条第17項に規定する取引所金融商品市場の開設の業務を行う事業	指定対象	取引所金融商品市場の開設の業務を行う事業を行う者（直近の3事業年度で、その開設する有価証券の売買を行う取引所金融商品市場において、有価証券の総売買代金が75兆円未満であるものを除く。）	※有価証券の売買を行う取引所金融市場のうち、総売買代金が少額であるものは影響が少ないため除外。
同条第28項に規定する金融商品債務引受業	指定対象	・金融商品取引法第156条の2の免許　又は ・第156条の19第1項の承認を受けた者	（免許・承認を受けた者全者を指定）
同法第28条第1項に規定する第一種金融商品取引業	指定対象	第一種金融商品取引業を行う者のうち次の基準に該当するもの ・直近の3事業年度末日の預り資産残高の平均：30兆円以上　又は ・直近の3事業年度末日の口座数の平均：500万口座以上	※指定事業者の預り資産のシェアの合計が5割超を確保できる数値を目安として設定。 ※加えて口座数の多い事業者も規制対象とする。

法50条1項13号・14号に定める事業	特定社会基盤事業の指定有無（案）	特定社会基盤事業者の指定基準（省令）	内閣官房「特定社会基盤役務の安定的な提供の確保に関する制度の運用開始に向けた検討状況について」（2023.6）における追記事項
信託業法第2条第1項に規定する信託業	指定対象	信託業を営む者のうち直近の3事業年度末日の信託財産額（再信託等した額を除く）の平均：300兆円以上	※指定事業者の信託財産額（再信託等した額を除く）のシェアの合計5割超を確保できる数値を目安として設定。
資金決済に関する法律第2条第10項に規定する資金清算業	指定対象	資金決済に関する法律第64条第1項の免許を受けた者	※左記の免許を受けた資金清算機関は、金融機関間の資金決済を集中的に清算するため、指定対象とする。
同法第3条第5項に規定する第三者型前払式支払手段（同法第4条各号に掲げるものを除く。）の発行の業務を行う事業	指定対象	第三者型前払式支払手段の発行の業務を行う事業を行う者のうち次の基準に該当するもの ・直近の3事業年度末日にその第三者型前払式支払手段を使用可能な加盟店数の平均：1万店以上 かつ ・直近の3事業年度の発行額の平均：1兆円以上	※指定事業者の発行額の合計が5割超を確保できる数値を目安として設定するとともに加盟店数も考慮。
預金保険法第34条に規定する業務を行う事業	指定対象	預金保険法第34条に基づき事業を行う者	（当該事業を行う者全者を指定）
農水産業協同組合貯金保険法第34条に規定する業務を行う事業	指定対象	農水産業協同組合貯金保険法第34条に基づき事業を行う者	（当該事業を行う者全者を指定）
社債、株式等の振替に関する法律第3条第1項に規定する振替業	指定対象	社債、株式等の振替に関する法律第3条第1項の指定を受けた者	※上記の指定を受けた振替機関は、振替口座簿における株主等の権利の発生・移転・消滅の管理を集中的に担うため、指定対象とする。
電子記録債権法第51条第1項に規定する電子債権記録業	指定対象	電子記録債権法第51条第1項の指定を受けた者（電子記録債権の残高が1兆円未満である者を除く）	※債権額が少額の者は、電子債権の発生・譲渡・消滅の新規の記録が行えなくなったとしても、影響が限定的。
割賦販売法第2条第3項に規定する包括信用購入あっせんの業務を行う事業	指定対象	・クレジットカード等の会員契約数：1,000万以上 かつ ・年間取扱高：4兆円以上	※年間取扱高、会員契約数それぞれのシェアの合計が大半を確保できる数値を目安として設定。

第 **3** 章

金融機関における
経済安全保障対応

Q23 金融機関に求められる経済安全保障推進法対応

経済安全保障推進法上の「特定社会基盤事業者」となる金融機関は、同法対応としてどのような対応を講じる必要があるのでしょうか。

A

- 基本指針に関する詳細なパブリックコメントやQ&A・ガイドライン等の内容の理解のほか、対象となり得る特定重要設備の特定や事前届出に必要な情報収集には一定の時間を要することが考えられます。
- 金融機関としては、2024年春の制度運用に向け、規制動向やスケジュール等を見据えた早期の影響分析・アクションプランの策定が重要と考えられます。

1　金融機関に求められる経済安全保障推進法対応

　経済安全保障推進法の「基幹インフラ役務の安定的な提供の確保に関する制度」は、2024年春頃に運用を開始することが想定されています。具体的には、同制度の対象事業者の指定は、経済安全保障推進法の公布（2022年5月18日）から1年6か月以内（すなわち、最長2023年11月17日まで）になされた後、6か月間の経過措置を経て適用が開始される（すなわち、遅くとも2024年5月17日までに適用が開始される）とされています（Q21参照）。他方で、対象事業者を指定する定量基準は公表されており、自社が指定対象となるかは判断可能な状況にあります。指定対象となる事業者は、いかなる設備が特定重要設備として事前届出の対象となるかを早期に特定し、特定重要設備の供給者や委託の相手方の役員・株主の属性の調査等、作成に時間を要する事項に早期に着手することが重要となります。また、事業者がリスクを低減するために講ずべきリスク管理措置についても、契約上

の手当てや業務提供に影響を及ぼし得る外国の法的環境等の調査等、相応の時間を要する内容が多く含まれています。これら講ずべき措置に関し、詳細なパブリックコメントやQ&A、ガイドライン等が示されることが想定されており、事業者としては、これら当局の発信情報を正確に理解し、自社への影響を分析することが重要となります。

　金融機関におけるシステムの開発や導入には相応の期間を要するほか、その過程には多くのベンダーが関与することが想定されます。金融機関ではこれまでもサードパーティ・リスク管理等の一環としてこれらベンダーを何らかの方法で管理・モニタリングしてきているものと思われます（Q33参照）。今後は、これらの管理・モニタリングに経済安全保障リスクの目線も加味するとともに（Q34参照）、経済安全保障推進法の適用の有無や適用対象となった場合の事前届出や届出を受けた金融庁の審査の期間等も、開発・導入のスケジュールに織り込んでいくことが重要となります。制度運用前に公表されるパブリックコメントやQ&A、ガイドラインはその分量も多くこれらの趣旨や概要をつかむだけでも一定の時間を要するほか、その具体的な運用に関しては金融機関のみならず当局も当面は手探りの状況が続く可能性も想定されます。基本指針では、内閣総理大臣及び事業所管大臣が基本指針確定後速やかに相談窓口を設置し、特定重要設備の導入等に関する事前相談を受け付け、必要な助言その他の援助を行うとされています。金融機関としては、経済安全保障推進法の適用の有無や適用範囲等に関し、こうした相談窓口等も活用しながら当局と前広に情報共有・相談することを見込んだスケジュールを立てていくことが重要と考えられます。

　なお、経済安全保障推進法の適用いかんにかかわらず、金融機関はさまざまな場面で経済安全保障上のリスクにさらされています。ルールベースの経済安全保障推進法対応にとどまることなく、経済安全保障リスクをいかに管理していくか、全ての金融機関が経営上の問題として検討していくことが重要となります（Q24以降参照）。

Q24　経済安全保障推進法の適用対象とならない設備・委託

経済安全保障推進法上の「特定重要設備」「重要維持管理等」に該当しない設備や業務委託については、何らの対策も講じなくてよいのでしょうか。

A

● 経済安全保障推進法が適用される特定重要設備・重要維持管理等の対象は真に必要な範囲に限定され、銀行業に係る特定重要設備は「預金・為替取引システム」とする等の内閣府令が公表されています。

● 経済安全保障推進法の適用対象とならない設備についても、外国政府やテロリスト、これらの影響下にある事業者等による妨害行為で我が国の国益が損なわれたり、妨害行為の結果として金融機関の企業価値が毀損する可能性が考えられます。

● 金融機関としては、経済安全保障推進法や関連するQ&A/ガイドライン等の「当局目線」も踏まえながら、経済安全保障推進法の適用対象とならない設備や業務委託も含めて、経済安全保障上のリスクがないかを適切に管理する態勢を構築していくことが重要と考えられます。

1　経済安全保障推進法が適用される特定重要設備・重要維持管理等を定めるに当たって配慮すべき事項

基本指針では、特定重要設備や重要維持管理等の立案が事業者による事前届出の範囲を画し、経済活動に影響を与え得ること等から、次の点に配慮するとしています。

(1)　適正な競争関係を不当に阻害することのないように配慮すること

特定重要設備や重要維持管理等は、その定め方によっては事業者に過度

な負担を与え、競争関係に影響を及ぼすことも予想されることから、あらかじめ関係する事業者等の意見を幅広く聴取するなど、事業者間の適正な競争関係を不当に阻害することのないよう配慮する必要があるとされています。

(2) 対象は真に必要な範囲に限定すること

事前届出に関しては、事業者や特定重要設備の供給者等において制度対応に当たっての事務的な費用も含む負担が予想され、このような負担が、最終的には特定社会基盤役務の提供に係る負担となり、利用者の利便に影響する可能性があり得ることも踏まえ、規制対象については安全保障を確保するために真に必要な範囲に限定するとされています。

基本指針の上記記載を受けて、金融庁は、2023年6月15日、金融機関の特定重要設備を定める「経済施策を一体的に講ずることによる安全保障の確保の推進に関する法律に基づく特定社会基盤事業者の指定等に関する内閣府令(案)」等を公表し、同内閣府令は8月9日に確定しています。重要維持管理等や構成設備について定める省令については2023年秋頃に策定されることが想定されていますが、内閣官房が2023年6月に公表した「特定社会基盤役務の安定的な提供の確保に関する制度の運用開始に向けた検討状況について」では、同月時点の検討状況としての特定社会基盤事業者、特定重要設備、重要維持管理等、構成設備の案を示しています(Q10参照)。

2 経済安全保障推進法の適用対象とならない設備・委託に対する対応

もっとも、経済安全保障推進法の適用対象とならない設備や業務委託について、金融機関は何らの対策を講じなくてよい、ということにはならないと考えられます。

たとえ経済安全保障推進法の適用対象とならない設備であっても、当該設備への妨害行為によって金融機関の一定の機能が停止・低下したり、不正アクセス・情報改ざん等が発生し、これらの妨害行為が外国政府やテロ

リスト、これらの影響下にある事業者によるものと判明した場合、我が国の平和と安全や経済的な繁栄等、経済安全保障によって守るべき国益が実質上損なわれる可能性も考えられます（経済安全保障の定義については、Ｑ１参照）。このような事態が明らかとなった場合、経済安全保障推進法上の対応としては特段問題ないとしても、経済安全保障上のリスクに適切に対応していないとして、社会の批判を受け、企業価値を毀損する可能性も考えられます（法令上のルールベースの対応をしているといった反応は、かえって社会の批判を増大させるリスクもあります）。金融機関は、経済安全保障推進法の適用対象とならない設備・委託についても、経済安全保障上のリスクも踏まえ、当該リスクを適切に管理していくことが重要と考えられます。

　金融機関においては、経済安全保障推進法の施行に向けて、同法の適用対象となる可能性のある設備・委託を洗い出し、適用の有無や範囲等を検討していることと思われます。経済安全保障推進法の制定や関連する指針、パブリックコメント、Ｑ＆Ａ／ガイドライン等の公表により示される経済安全保障に係る「当局目線」も踏まえながら、自らの設備・委託に関する経済安全保障上のリスクを評価、「見える化」し、これらリスクに応じた対応を検討する「好機」にあるといえます。

　金融機関が用いる設備・委託は膨大であり、その全てについてこうした対応を網羅的に行っていくのは現実的ではないと思われます。他のリスク管理と同様、経済安全保障リスクについても、リスク評価に基づいてリスクの高い設備・委託から重点的に対応していくことが重要と考えられます[1]。こうした経済安全保障リスク管理態勢の構築に当たっては、今般の経済安全保障推進法の施行に伴って公表されるパブリックコメント、

1　経済安全保障リスク管理につき、当該リスク単体で管理する方法のほか、サードパーティ・リスク管理等、他のリスク管理の考慮要素と整理して管理していく方法等も考えられます（経済安全保障とサードパーティ・リスク管理に関しては、Ｑ33、Ｑ34参照）。

Q&A/ガイドライン等を参照することも有用と考えられます。

Q25 経済安全保障推進法の適用対象とならない金融機関に求められる対応

経済安全保障推進法上の「特定社会基盤事業者」に該当しない金融機関は、経済安全保障対応を講じる必要はないのでしょうか。

A

- 経済安全保障推進法が適用される特定社会基盤事業者は、事業規模や代替可能性等を考慮して一定の定量基準をもって定めることとされ、金融機関に関して「経済施策を一体的に講ずることによる安全保障の確保の推進に関する法律に基づく特定社会基盤事業者の指定等に関する内閣府令」で定められています。

- 特定社会基盤事業者の指定基準は必要に応じて見直すこととされ、これら見直しや金融機関のビジネスの拡大等により経済安全保障推進法の適用対象となる可能性もあります。

- 金融機関の業務の公共性や基幹インフラとしての重要性、安全保障上重要な意義を有する膨大な顧客データの保有等に鑑みれば、金融機関としては、経済安全保障推進法の適用いかんにかかわらず、法令対応を超えた経営上の問題として、経済安全保障リスク管理態勢を構築していくことが重要と考えられます。

1 経済安全保障推進法が適用される特定社会基盤事業者の指定

経済安全保障推進法の「基幹インフラ役務の安定的な提供の確保に関する制度」の適用対象として指定されるか否かは、事業規模や代替可能性等

を考慮して一定の定量基準をもって定めることとされ、経済的社会的観点から以下の点に留意するとされています。

(1) 適正な競争関係を不当に阻害することがないように配慮すること

「基幹インフラ役務の安定的な提供の確保に関する制度」の適用を受ける事業者は、特定重要設備の導入に時間を要することとなるなど、特定社会基盤事業における競争関係に影響を及ぼすことも予想されることから、事業者間の適正な競争関係を不当に阻害することがないよう配慮する必要があるとされています。

(2) 中小規模の事業者の指定については、より慎重に検討を行うこと

中小規模の事業者は、事業の規模を考慮すれば役務の安定的な影響に支障が生じても経済・社会秩序の平穏を損なうおそれが大きいとは言えないこと、規制への対応が相対的に大きな負担となること等を踏まえ、その役務に特殊性があるかなど、当該事業者が提供する役務に支障が生ずることによる影響について慎重な検討を行う必要があるとされています。

これらを受けて、「基幹インフラ役務の安定的な提供の確保に関する制度」の適用を受ける金融機関につき、金融庁は、2023年6月15日、「経済施策を一体的に講ずることによる安全保障の確保の推進に関する法律に基づく特定社会基盤事業者の指定等に関する内閣府令(案)」等を公表し、同内閣府令は8月9日に確定しました(Q22参照)。

なお、特定社会基盤事業者の指定基準は、事業者の数や規模、地理的分散等の市場構造、設備の利用実態及び役務の安定的な提供に支障が生じた場合に国家及び国民の安全を損なう事態を生ずるおそれの大きさ等を考慮して定めるものであり、これらの考慮要素に変更が生じた場合には、必要に応じ指定基準も見直すことが適当とされています。

2 経済安全保障推進法の適用対象とならない金融機関に求められる対応

金融機関を特定社会基盤事業者として指定する基準は、金融機関の顧客

数や取引量等をもとに設定されているところ、金融機関のビジネスの拡大やビジネスモデルの変更等により指定基準に達する結果となり、新たに適用対象となる可能性も考えられます。また、上記の指定基準の見直しにより、見直し後の指定基準に達して適用対象となる可能性もあります。金融機関としては、「基幹インフラ役務の安定的な提供の確保に関する制度」の適用の可能性を常に意識して、経済安全保障推進法令やQ&A/ガイドライン等に即した体制を整備しておくことが重要と考えられます。

　また、金融機関の業務の公共性や基幹インフラとしての重要性等に鑑みれば、金融機関の業務が外国政府やテロリスト等による攻撃の標的となる可能性は非金融機関と比べて高いといえます。この攻撃には、サイバー攻撃や物理的な攻撃のほか、既に金融機関に組み込まれているシステムや外部委託先等が外形的な攻撃や侵襲等を伴わず、機能を維持したまま金融機関も気づかない形で行われる攻撃も考えられます。金融機関は、その業務の過程で膨大な顧客情報を保有しており、これら膨大な顧客情報が特定の国・地域やテロリスト等にわたることで安全保障上の懸念が顕在化する可能性も考えられます。さらに、金融機関が意図せず特定の国・地域やテロリスト及びこれらの影響下にある事業者に対して投融資・送金・取引仲介等の金融機能を提供し、これらの相手方に金員その他の利益を供与した結果として、安全保障上の懸念が発生する事態も考えられます（図表25－1参照）。

　こうした事象は、個人情報保護法や外為法等の国内法制や、これらに対応する海外法制等の適用を受けて違法とされる場合があるほか、仮に法令上違法とならない場合であっても、金融機関が特定の国・地域やテロリスト等に加担して我が国に安全保障上の懸念を生ぜしめたとして、企業価値やレピュテーションを毀損する事態も想定されます。実際に、金融機関は、顧客・職員等のステークホルダーの利益の保護と経済安全保障のいずれを重視するかといった、法令対応を超えた経営上の問題としての判断を迫られる場面に直面しています（Q26参照）。

図表25－1　金融機関の業務の性質と安全保障上のリスクとの関連性

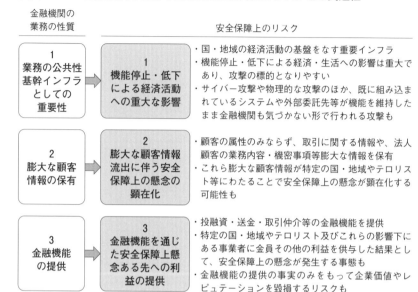

金融機関の
業務の性質

安全保障上のリスク

1 業務の公共性 基幹インフラ としての 重要性	1 機能停止・低下 による経済活動 への重大な影響	・国・地域の経済活動の基盤をなす重要インフラ ・機能停止・低下による経済・生活への影響は重大であり、攻撃の標的となりやすい ・サイバー攻撃や物理的な攻撃のほか、既に組み込まれているシステムや外部委託先等が機能を維持したまま金融機関も気づかない形で行われる攻撃も
2 膨大な顧客 情報の保有	2 膨大な顧客情報 流出に伴う安全 保障上の懸念の 顕在化	・顧客の属性のみならず、取引に関する情報や、法人顧客の業務内容・機密事項等膨大な情報を保有 ・これら膨大な顧客情報が特定の国・地域やテロリスト等にわたることで安全保障上の懸念が顕在化する可能性も
3 金融機能 の提供	3 金融機能を通じ た安全保障上懸 念ある先への利 益の提供	・投融資・送金・取引仲介等の金融機能を提供 ・特定の国・地域やテロリスト及びこれらの影響下にある事業者に金員その他の利益を供与した結果として、安全保障上の懸念が発生する事態も ・金融機能の提供の事実のみをもって企業価値やレピュテーションを毀損するリスクも

　金融機関としては、経済安全保障推進法対応という形式的な法令遵守の問題に矮小化することなく、経済安全保障推進法の施行等を一つの好機として、経営上のリスクとしての経済安全保障リスク対応と捉え、適切なリスク管理態勢を構築していくことが重要と考えられます。

Q26　経営上の問題としての経済安全保障リスクへの対応

金融機関が経済安全保障を経営上の問題として判断しなければならない場面としては、具体的にどのような場面が考えられるのでしょうか。

- 経済安全保障推進法の適用いかんにかかわらず、業務の公共性、膨大な顧客情報の保有、金融機能の提供等、金融機関の業務の性質により、経済安全保障に関して法令の適用を超えた経営上の問題として判断しなければならない場面に直面することがあります。
- 近時の国際環境の変化等により、金融機関が経済安全保障と顧客保護・利便性等の利益を衡量して経営上の判断を迫られる場面は日に日に増えているといえます。
- 国内外の規制動向に対する情報収集・正確な理解とともに、経済安全保障に関する社会の目線を含む「感度」を高め、適切な経営判断ができる枠組みの整備が重要となります。

1 金融機関が経営上の問題として経済安全保障上の判断を求められる場面

経済安全保障推進法の適用いかんにかかわらず、金融機関の業務の性質上、経済安全保障に関して法令の適用を超えた経営上の問題として判断しなければならない場面に直面することがあります。

例えば、振り込め詐欺や、なりすまし等による個人顧客への金融犯罪被害防止のために窓口に設置した監視カメラやモバイルアプリ上の本人確認システムのベンダーが、安全保障上懸念がある等の理由により海外の規制上制裁対象とされていたような場合、当該ベンダーによるサービスの停止や当該ベンダーを通じたデータ流出等、安全保障上の懸念に留意する必要があります。この場合、監視カメラやモバイルアプリを用いることで保護すべき個人顧客の安全・利便性と、安全保障上の懸念のバランスをどのようにして図るかという判断が求められることになります。

また、特殊な技術を有する国内中小企業顧客から融資依頼があり、資金使途を確認したところ、海外の規制で取引が制限されている会社の関連会

図表26−1　金融機関の業務の性質と経済安全保障上の判断が求められる具体的な場面

1 業務の公共性 基幹インフラとしての重要性	2 膨大な顧客情報の保有	3 金融機能の提供

【ケース1】
振り込め詐欺や、なりすまし等による個人顧客への金融犯罪被害防止のために窓口に設置した監視カメラやモバイルデバイス上の本人確認システムのベンダーに、安全保障上懸念のある先が含まれていた

【ケース2】
特殊な技術を有する国内中小企業顧客から融資依頼があり、資金使途を確認したところ、海外の規制で取引が制限されている会社の関連会社と思われる先に当該技術を用いた製品を製造・納品するための資金であることが判明した

【ケース3】
海外拠点の所在国・地域が近隣諸国に軍事侵攻し、当該国・地域で事業を継続して利益を上げることへの世間の批判が高まったほか、事業に関する情報提供や納税等を当該国・地域に行うことに伴う安全保障上の懸念が発生した

個人顧客 保護の利便性？
安全保障上懸念のある先にデータ流出？
経営判断

法人顧客 資金繰り事業支援？
安全保障上懸念のある先に利益流出？
経営判断

海外拠点・職員等の利害？
安全保障上懸念ある先に利益・データ流出？
経営判断

図表26−2　関連する既存のリスク管理との整理

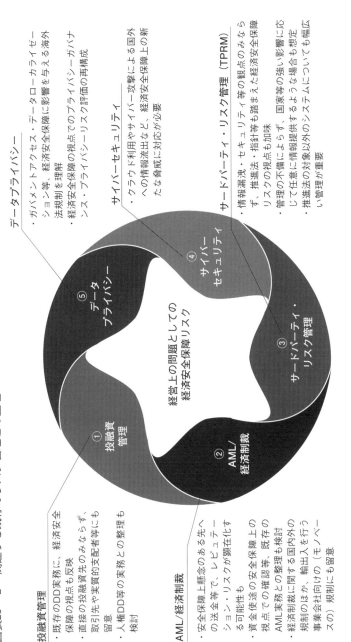

投融資管理
・既存のDD実務に、経済安全保障の視点も反映
・直接の投融資先のみならず、取引先や実質的支配者等にも留意
・人権DD等の実務との整理も検討

AML／経済制裁
・安全保障上懸念のある先への送金等で、レビュー・リスクが顕在化する可能性も
・資金使途の安全保障上の視点での確認等、既存のAML実務との整理も検討
・経済制裁に関する国内外の規制のほか、輸出入を行う事業会社向けの（モノ・サービスの）規制にも留意

データプライバシー
・ガバメントアクセス・データローカライゼーション等、経済安全保障に影響を与える海外法規制を理解
・経済安全保障の視点でのプライバシー・ガバナンス・プライバシーリスク評価の再構成

サイバーセキュリティ
・クラウド利用やサイバー攻撃による国外への情報流出など、経済安全保障上の新たな脅威に対応が必要

サードパーティ・リスク管理（TPRM）
・情報漏洩、セキュリティ等の観点のみならず、推進法・指針等も踏まえた経済安全保障リスクの視点も加味
・管理の不備に基づくことなく、国家等の強い影響に応じて任意に情報提供するような場合も想定
・推進法の対象以外のシステムについても幅広い管理が重要

社に対して当該技術を用いた製品を製造し、納品するための資金であることが判明した場合、この取引が当該中小企業顧客のビジネス上重要な意義を有するものであれば、当該顧客の資金繰りや事業支援を行うことは金融機関に求められる役割といえます。他方で、この特殊な技術を用いた製品が軍事目的等に転用され、自国又は他国の安全保障に懸念が生じたような場合には、当該中小企業のみならず、資金を提供した金融機関も、送金が海外の経済制裁に抵触するリスクを負うのみならず、国内中小企業への融資自体についても社会からの批判を浴びる可能性が考えられます。

　さらに、金融機関が海外に拠点を有している場合において、当該拠点の所在国・地域が近隣諸国に軍事侵攻したような場合、当該国・地域で事業を継続して利益を上げることへの世間の批判が高まるほか、事業に関する情報提供や納税等を当該国・地域に行うことに伴う安全保障上の懸念が発生することも考えられます。他方、平時にビジネス展開していた際の海外拠点の顧客や職員等ステークホルダーの利益を保護する要請もあり、撤退するに際してもこれらステークホルダーの利害を考慮する必要があります。

　このように、金融機関は、その業務の性質上、経済安全保障を意識した経営判断を行うことが求められ、その重要性は日に日に増しているといえます（図表26－1参照）。金融機関としては、このような「経済安全保障リスク」を適切に管理した上で経営判断するためのガバナンスを構築することが重要と考えられます（Q28参照）。他方で、経済安全保障リスクに関しては、投融資管理、AML/経済制裁、サードパーティ・リスク管理、サイバーセキュリティ、データプライバシー等、既存のリスク管理や内部統制の枠組みと一部重複する部分も含まれていると言えます。具体的なリスク管理の枠組みを検討するに当たっては、これら既存の枠組みとの調整・統合等を検討していくことも重要と考えられます（図表26－2、Q29〜Q38参照）。

Q27　経済安全保障リスクに適切に対応しない場合の不利益

金融機関が経済安全保障リスクに適切に対応しない場合、どのような不利益が顕在化することが考えられるのでしょうか。

A

- 金融機関が経済安全保障リスクに適切に対応しない場合、①関連する法規制に抵触して処分を受ける可能性、②レピュテーションが毀損する可能性、③役員個人の責任が問われる可能性が考えられます。

- ①関連する法規制に抵触して処分を受ける可能性に関しては、経済安全保障推進法や自らに適用される業法のほか、投融資管理、AML/経済制裁、サードパーティ・リスク管理、サイバーセキュリティ、データプライバシー等、関連するリスク領域に適用される国内外の法規制への抵触の可能性に留意が必要となります。

- ②レピュテーションが毀損する可能性に関しては、経済安全保障上懸念のある取引に関わっていた事実の公表・報道や行政処分等により、業績悪化、取引関係見直し、企業価値毀損等の可能性に留意が必要となります。

- ③役員個人の責任が問われる可能性に関しては、自主的な報酬の減額や退任等のほか、近時は企業価値毀損を理由として金融機関の役員個人を被告とする株主代表訴訟が提起されるケースもみられます。

1　関連する法規制に抵触して処分を受ける可能性

　金融機関が経営上のリスクとして対処すべき「経済安全保障リスク」は、投融資管理、AML/経済制裁、サードパーティ・リスク管理、サイバーセキュリティ、データプライバシー等、既存のリスク領域とも一部重

複します（Q26参照）。経済安全保障リスクの対応を誤った場合、経済安全保障推進法違反として同法に基づく勧告・命令等の処分を受けたり、業務の適切性に課題があるとして銀行法等の業法に基づく処分を受けたりする可能性があるほか、上記の各リスク領域に適用される国内外の法規制に抵触して処分を受ける可能性があります。

　例えば、AML/経済制裁に関しては犯罪収益移転防止法、外為法、データプライバシーに関しては個人情報保護法等の国内法があるほか、米国のOFAC規制、欧州のGDPR等、海外の法規制についても留意が必要となります（AML/経済制裁に関しQ31、データプライバシーに関しQ37参照）。これら海外の法規制については、違反した場合に科せられる制裁金が巨額となる可能性があります。海外の法規制については、例えば米国内の拠点やビジネス等が存在せず、取引に米国人・米国企業が関与していない場合にも適用され、制裁金が科せられる規制もありますので（いわゆる域外適用）、留意が必要となります。

2　レピュテーションが毀損する可能性

　当局の行政処分は、金融機関の信用やイメージに悪影響を及ぼし得ます。実際、過去の行政処分により、既存顧客の維持や新規顧客の獲得に苦慮し、預金量が減少した金融機関の例がみられます。また、上場している金融機関においては、行政処分によって株価が下落し、その後の業務改善や再発防止策実践の期間も株価が回復しないケースもみられます。

　このほか、行政処分を受けたことをもって、取引関係の見直し・中止を求められることもあります。行政処分を受けたことを契約上の解約事由とする例があるほか、海外当局からの処分をもって送金に関する取引関係の見直しを海外金融機関から求められる例もあります。

　仮に行政処分を受ける事態にまで至らなくとも、経済安全保障上懸念のある先と取引をしていた、これら取引により利益を得ていたといった事実が明らかとなった場合、「経済安全保障リスク」を経営上の問題として適

切に把握・管理できていなかったとして、行政処分を受けた場合と同様、業績や株価への悪影響が生ずる可能性が考えられます。

3 役員個人の責任が問われる可能性

行政処分により業績や株価が下落して企業価値が毀損したり、海外当局から巨額の制裁金を受けたりした場合、これらによって金融機関に生じた損害につき、役員個人が責任を問われる可能性もあります。自主的な報酬の減額や退任等のほか、近時は企業価値毀損を理由として金融機関の役員個人を被告とする株主代表訴訟が提起されるケースもみられます。

その他、AML/経済制裁等に関する海外の規制では、当局より役員が直接制裁を受ける可能性もあります（図表27－1参照）。

図表27－1　リスクが顕在化した場合に金融機関や役員に想定される不利益

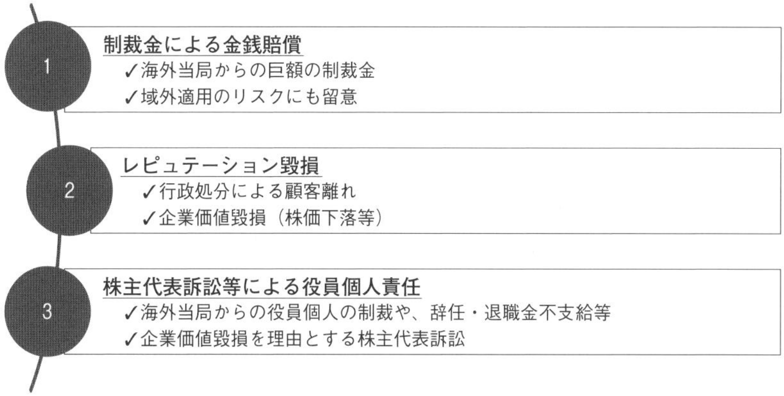

1　制裁金による金銭賠償
✓海外当局からの巨額の制裁金
✓域外適用のリスクにも留意

2　レピュテーション毀損
✓行政処分による顧客離れ
✓企業価値毀損（株価下落等）

3　株主代表訴訟等による役員個人責任
✓海外当局からの役員個人の制裁や、辞任・退職金不支給等
✓企業価値毀損を理由とする株主代表訴訟

Q28 経済安全保障リスクに対するガバナンス

金融機関が経済安全保障について経営判断する枠組みは、どのように構築するのでしょうか。

<hr>

A

- 経済安全保障リスクを経営上のリスクとして適切に管理していくには、当該リスクを経営上の問題として把握し、適切に意思決定していくためのガバナンスを構築していくことが重要となります。

- 「経済安全保障リスク」がさまざまなリスク要因が絡み合った複合的なものであるとの前提を意識し、組織横断的な対応態勢を受けて経営陣が意思決定するための枠組みを検討する必要があります。

- 他方で、投融資や送金等、日々の取引・業務に対して機動的かつ迅速に経済安全保障リスクを踏まえた経営判断を行うための業務フローや規程の整備を行うことも重要と考えられます。

- リスクに応じてこれらの経営判断を行うべく、既存のリスク評価に関する実務も踏まえながら経済安全保障リスクの評価の枠組みも検討する必要があります。

<hr>

1　経済安全保障リスクに対するガバナンス

　経済安全保障リスクを経営上のリスクとして適切に管理していくには、当該リスクを経営上の問題として把握し、適切に意思決定していくためのガバナンスを構築していくことが重要となります（図表28-1参照）。

　第一に、どのように経営陣が意思決定を行うか、その枠組みを整備する必要があります。金融機関が経営上のリスクとして対処すべき「経済安全保障リスク」は、投融資管理、AML/経済制裁、サードパーティ・リスク

図表28-1　経済安全保障リスクに対するガバナンス構築の着眼点

1	**経済安全保障に関する意思決定の枠組みの整備** ◆複数の部門が関係（コンプラ／総務／外為／システム／ IR／…）⇒経営陣主導による組織横断的対応 ◆専門委員会／専担部室／担当役員の設置 ◆既存の枠組み（サステナビリティ等）を活用するか／経済安全保障に特化した枠組みを新設するか等
2	**意思決定に至るプロセスに関する方針・手続の整備** ◆意思決定の枠組みを設けることに伴う規程・規則の新設・改正 ◆情報収集・インテリジェンスに関する情報をどのようにレポーティング・意思決定に反映させていくか ◆個別案件（送金／投融資等）で経済安全保障に関する論点が発生した場合のレポーティング・意思決定のフロー等
3	**経済安全保障に関するリスク評価** ◆経済安全保障リスクが顕在化するおそれのあるアセット、商品・サービス、国・地域、取引形態、顧客属性等の洗い出し ◆既存のリスク評価の枠組みとの整合性（統合して実施するか／新たに実施するか）の検討 ◆実施したリスク評価の経営判断・意思決定への活用方法・プロセスの検討等
4	**経済安全保障に関する基本方針の策定・開示** ◆既存の基本方針（サステナビリティ等）を修正するか／経済安全保障に特化した基本方針を新設するか ◆リスク評価の状況やこれに対する会社としての対応等を開示するか等

管理、サイバーセキュリティ、データプライバシー等、既存のリスク領域とも関連し、これを所管する部門は、規制対応を担当するコンプライアンス部門、リスク管理を担当するリスク管理部門、システムを担当するシステム部門、当局対応その他全般調整を行う経営企画・総務部門等多岐にわたります。経営陣としては、これら既存のリスク領域及び所管部門の関係等も意識しながら、「経済安全保障リスク」に漏れなく対応するための組織横断的な対応態勢を構築することが重要と考えられます。その上で、これら組織横断的な対応態勢を受けて経営陣が意思決定するため、どの会議体で議論・判断するのがよいか等を検討する必要があります。サステナビリティ、リスク管理、コンプライアンス等、既存の会議体で議論・判断する場合でも、上記のとおり「経済安全保障リスク」がさまざまなリスク要

因が絡み合った複合的なものであるとの前提を意識し、特定のリスク要因のみに偏った判断をすることがないよう、留意する必要があると考えられます。

　個別の投融資や送金の可否に関する判断等、日常的に発生する業務については、担当役員等が経済安全保障のリスクも考慮した上で機動的に判断する必要があり、上記のような会議体で慎重に判断することが難しい可能性も考えられます。このような日常的な業務について経済安全保障リスクを考慮した判断をするための報告・意思決定の枠組み等を検討し、これを業務フロー等に落とし込んで規程化しておくことも重要と考えられます。

　他方で、投融資や送金等、日々発生する業務の全てに対して逐一経済安全保障リスクを考慮した慎重な判断を行うことは現実的でないと考えられます。経済安全保障リスクの高い取引・業務につき、リスクに見合った適切な対応を講ずることができるよう、予め経済安全保障リスクが顕在化するおそれのあるアセット、商品・サービス、国・地域、取引形態、顧客属性等を洗い出し、これを評価しておくことが有用と考えられます。マネロン・テロ資金供与対策やサードパーティ・リスク管理、人権DD等、既存のリスク評価の枠組みに組み込んで評価する方法のほか、基本指針上求められているリスク管理措置の一環としてのリスク評価の手法も経済安全保障リスクを評価する枠組みの一つとして参考となると考えられます。

　その他、経済安全保障に対する社会の目線の高まりを受け、経済安全保障に関する基本的な考え方や方針を広く投資家や一般向けに開示する例も出てきています。経済安全保障に関する基本的な方針やリスク評価に関する考え方等を開示することは投資家その他のステークホルダーに対するコミットメントとなる一方[2]、経済安全保障を巡る国内外の動向は絶えず変化する「ムービングターゲット」としての性質も有するため、いったん開示した方針や考え方をこうした動向の変化に伴いアップデートしていく必要も生じ得ます。金融機関としては、こうした動向にも留意しながら、基本方針の策定・開示の要否及びその方法等につき、検討していくことも重

要と考えられます。

経済安全保障と投融資管理①

投融資管理に関し、国内外ではどのような規制があるのでしょうか。

A

- 経済安全保障の文脈では、インバウンドの投融資に伴う安全保障上の懸念に留意した規制対応のみならず、アウトバウンドの投融資に伴う安全保障上の懸念の発生等、レピュテーション・リスクの管理も重要となります。

- インバウンドの投資に関する国内の法規制としては、指定業種に対する外資による投資に対して事前届出を求める外為法や、土地に関する投資を規制する重要土地等調査法があります。

- インバウンドの投資に関する海外の法規制としては、米国CFIUSによる対内投資審査が挙げられます。このほか、米国では、懸念国企業への対外投資等の対外活動を規制するための制度（いわゆる「逆」CFIUS (Reverse CFIUS)）を創設する動きもあり、留意が必要と考えられます。

1　投融資管理と経済安全保障

経済安全保障の文脈では、外国から投融資がなされること（インバウン

2　2021年6月に改訂された「投資家と企業の対話ガイドライン」では、「経営環境の変化に対応した経営判断」に関する対話事項として、「ESGやSDGsに対する社会的要請・関心の高まりやデジタルトランスフォーメーションの進展、サイバーセキュリティ対応の必要性、サプライチェーン全体での公正・適正な取引や国際的な経済安全保障を巡る環境変化への対応の必要性等の事業を取り巻く環境の変化が、経営戦略・経営計画等において適切に反映されているか。」が新たに追加されました。

ド）等を通じて、自国の安全保障に懸念が生じる場合を中心に管理・規制の必要性が論じられてきました。例えば、防衛産業や軍事転用の可能性がある先端技術を有する企業への外資の投資により、自国の防衛等の安全保障に懸念が生じる事態を防止するため、これらの投資に一定の制限を課す規制が各国で導入されています。また、安全保障上重要な土地や施設に対する外資の投資を制限する規制の導入も進んでいます。

　他方で、近年では、外国への投融資（アウトバウンド）についても、自国の経済安全保障への懸念が指摘され始めており、米国等ではこれに対する規制の導入も検討されています。また、規制の適用いかんにかかわらず、外国への投融資による金員が軍事力増強や軍事技術活用等に利用された場合、当該投融資の結果として自国の安全保障に懸念が生じたとして、投融資を実施した金融機関のレピュテーションが毀損するおそれもあります（Q30参照）。

2　日本における法規制

　日本においては、外為法が企業に対する外資の投資を規制しています。具体的には、外国投資家が指定業種に対して「対内直接投資等」「特定取得」を行う場合に、原則として事前の届出を求めています（26条）。指定業種については、武器・航空機・宇宙開発・原子力関連の製造業のほか、蓄電池・半導体の製造業等、経済安全保障推進法上の「特定重要物資」に関する製造業等が告示で指定されています。事前届出を必要とする「対内直接投資等」「特定取得」には、上場会社（1％以上）・非上場会社（1株以上）の株式取得や、外国投資家又はその関係者の取締役・監査役の就任への同意、事業譲渡や廃止の提案・同意等が含まれます。

　届出は、原則として投資等を行おうとする日の前6か月以内に行う必要があり、届出を受理してから30日を経過するまで（4か月まで延長可）は当該投資等を行うことはできないとされています[3]。財務大臣及び事業所管大臣は、国の安全等の観点から事前届出を審査し、国の安全等を損なう

おそれがあると認められる場合には、投資の変更・中止の勧告・命令が可能であり、事前届出がなされなかった場合や虚偽の届出があった場合は、株式売却等の措置命令が可能となっています[4]。

　なお、金融機関の株式の一定割合の取得に関しては、各種業法が規制しています。銀行・保険会社に関しては、5％を超える議決権の保有者に対して大量保有報告書の提出を求めるとともに（銀行法52条の2の11、保険業法271条の3）、議決権の20％以上の保有者を「主要株主」として、保有前の認可（銀行法52条の9、保険業法271条の10）・保有後の監督（銀行法52条の11以降、保険業法271条の12以降）の枠組みを定めています。第一種金融商品取引業者及び投資運用業者に関しては、議決権の20％以上を保有する「主要株主」に届出義務を課しています（金融商品取引法32条1項）。外為法と異なり、これらの規制は外国投資家以外の投資家にも等しく適用されます。

　その他、土地に関する投資管理の規制として、重要施設の周辺の区域内及び国境離島等の区域内にある土地等（「重要土地等」）が重要施設又は国境離島等の機能を阻害する行為（「機能阻害行為」）の用に供されることを防止するため、重要土地等調査法が2022年9月に施行されています。

3　海外における法規制—米国CFIUSによる対内投資審査

　投資管理に関する海外の規制としては、米国の対米外国投資委員会（CFIUS：the Committee on Foreign Investment in the United States）による対内投資の審査が挙げられます。

3　コア業種（事前届出の必要な業種のうち国の安全等を損なうおそれが大きい業種）以外の事前届出の必要な業種を営む非上場会社に対して、株式取得を行う場合、役員に就任しない、非公開の技術関連情報にアクセスしないなどの一定の基準を遵守することにより、事前届出の免除制度を利用し、事後報告書の提出に代えることが可能となる場合があります。
4　財務省「外国投資家による投資について」
　　金融機関・関係者向け、2023.5、https://www.mof.go.jp/policy/international_policy/gaitame_kawase/fdi/20230524fdi_2.pdf

以前より、米国は、外国投資家を公正かつ同等に扱う一方、国家安全保障上懸念のある買収案件についてはCFIUSで審査され、大統領の判断で案件を拒否することも可能とされています。

　このCFIUSの権限を強化するものとして、2018年に外国投資リスク審査現代化法（FIRRMA：Foreign Investment Risk Review Modernization Act）が成立し、2020年2月より施行されています。具体的には、外国人による支配的な投資のみならず、被支配的な投資も審査対象として拡大するとともに、一定の条件を満たす不動産取引も審査の対象としています[5]。

　なお、米国では、上記のような対内（インバウンド）投資のみならず、対外（アウトバウンド）投資規制の強化も行っています。具体的には、「非・特別指定国民　中国軍事・産業複合企業リスト」（NS-CMIC List：Non-SDN Chinese Military-Industrial Complex Companies List）に指定された中国の軍事産業に関わる中国企業に対する米国人による投資が禁止されています。このほか、米国では、懸念国企業への対外投資等の対外活動を規制するための制度（いわゆる「逆」CFIUS（Reverse CFIUS））を創設する動きもあり、外国企業に域外適用される可能性も指摘されています。これらの規制動向は日本企業によるアウトバウンドの投資にも影響を与え得るため、留意が必要と考えられます[6]。

5　ジェトロ「米国─外資に関する規制」（https://www.jetro.go.jp/world/n_america/us/invest_02.html）参照。
6　なお、欧州委員会が2023年6月に公表したEU初の経済安全保障戦略でも、EU企業による域外国での投資制限に向けた案につき、2023年末までに提案することが示されている。ジェトロ「欧州委、EU初の経済安保戦略を発表」（https://www.jetro.go.jp/biznews/2023/06/47bd0fd3e348fc5e.html）参照。

Q30 経済安全保障と投融資管理②

投融資管理に関し、経済安全保障の観点から金融機関はどのような点を考慮する必要があるのでしょうか。

A

● 経済安全保障上の懸念を有する先に対する投融資により、金融機関にレピュテーション上のリスクが発生する可能性に留意が必要となります。

● 具体的には、投融資管理に関する既存の実務に加え、①デュー・ディリジェンス（DD）やモニタリング実務のアップデート、②管理対象とする関連者等の範囲の見直し、③ガバナンス体制の見直しを行うことが重要と考えられます。

1 投融資管理とレピュテーション・リスク

わが国において、国内の金融機関が実施する投融資を経済安全保障の観点から規律する法規制はありません。しかしながら、経済安全保障に関するリスク管理の観点からは、金融機関が実行する融資や有価証券等に対する投資についても注意を払う必要があると考えられます。例えば、金融機関が法人に対して融資を実行し、その後に当該貸出先に関して経済安全保障の観点からネガティブな情報が公になった場合には、貸し手である金融機関についてもレピュテーション上のリスクが発生することが考えられるため、注意を要します。

2 想定される具体的な対応

金融機関の実務では、AML/経済制裁関連の各種規制（Q31参照）への対応や信用リスク管理、ESG対応等を含め、すでに投融資業務に関する一

図表30-1　取引先や実質的支配者も含む投融資先の経済安全保障リスク管理（イメージ）

経済安全保障リスクへの対応	具体的な実施内容
可視化	地理的に点在する複数の階層の投融資先を、公表情報等を用いて可視化
選別	可視化された投融資先に対し、ネットワーク解析やリスク分析を実施。投融資先の健全化のために重要かつ影響力のある投融資先を客観的に特定
低減	実現可能なリスク低減策を実施。レピュテーション、収益性、国防等に対する重大な脅威となる可能性に基づいて、優先順位を付与
監視・警告	変化し続ける投融資先の継続的な監視とモニタリング。地政学や国防上のリスク等、差し迫った危機や変化するリスクを感知して対応。但し、直接投資・間接投資によって得られる情報も異なることから、実務的に可能なDDの範囲や深度を変えることも考えられる

定の管理態勢を整備してきています。しかし、このような整備済の管理態勢について、今後は以下に挙げたような経済安全保障の観点で、追加的な対応を検討していく必要があるものと思われます。

(1)　デュー・ディリジェンス（DD）やモニタリング実務のアップデート

　金融機関が投融資を実行する際、あるいは実行後定期的に実施するDDや、融資先・投資先に対して実施するモニタリングについて、経済安全保障リスク管理の視点を反映していくことが必要です。例えば、図表に整理したような経済安全保障リスクへの対応策を、管理態勢に取り入れていくことが考えられます（図表30-1参照）。

(2)　管理対象とする関連者等の範囲の見直し

　金融機関が投資や融資を実行する相手方が、経済安全保障の観点から問題がないかどうかを確認することは極めて重要です。しかし、このような直接の投融資先だけでなく、それらの取引先や実質的支配者等にも着目し、金融機関の直接的・間接的な関連者を管理の対象としていくことにより、経済安全保障リスクの低減を図ることができるものと考えられます。

　具体的には、投融資先の取引先や、取扱商品・サービス、投融資先の実質的支配者を適時に把握・補足する管理手法を導入するとともに、そのよ

うな管理業務を補助するためのシステムツールを導入することが考えられます。また、そのようにして把握した関連者等について、経済安全保障上のネガティブ情報がないかを適時に収集するための手法も必要であり、ニュース情報データベースにこれらの関係者等の情報がないか、定期的に照合するためのツールを導入することも効果的です。

さらに、把握した取引先・実質的支配者に関するネガティブ情報等を踏まえて、投融資先のリスクを適切に評価するためのリスク評価手法・ツールについても導入を検討するべきでしょう。

(3) ガバナンス体制の見直し

今後、経済安全保障が金融機関にとって重要なリスクになっていくことが予想されることを踏まえれば、経済安全保障リスクを踏まえた適切な投融資の実施・終了に関する経営判断を行うことのできる枠組みが必要となります。具体的には、経済安全保障を担当する役員を選任したり、関連する諸問題を検討する委員会を設置したりするなどして、経営陣の関与の下で経済安全保障リスクを管理する体制を整備することが必要となると考えられます（Q28参照）。

Q31　経済安全保障とAML/経済制裁①

マネー・ローンダリング、経済制裁に関し、国内外ではどのような規制があるのでしょうか。

A

- 日本における法規制としては、犯罪収益移転防止法、外為法等があるほか、金融庁が策定・公表した「マネー・ローンダリング及びテロ資金供与対策に関するガイドライン」も、金融機関が遵守すべき法規制として留意する必要があります。

● 海外における法規制としては、日本の金融機関にも適用されて制裁の対象となり得るほか、他の金融機関との取引謝絶やレピュテーション毀損等の不利益の可能性もある米国OFAC規制に留意する必要があります。

1 日本における法規制

　日本におけるマネー・ローンダリングに関する法律としては、金融機関その他マネー・ローンダリングに利用されるおそれの高い事業者に対して取引時確認や疑わしい取引の届出等を求め、マネロン・テロ資金供与を防止することを主眼とする犯罪収益移転防止法（犯罪による収益の移転を防止する法律）があります。また、資産凍結措置等を発動した経済制裁対象者に対する支払等に該当しないことの確認義務等を金融機関に求める外為法（外国為替及び外国貿易法）や、国内取引も含め国際テロリストの財産を凍結する国際テロリスト財産凍結法（国際連合安全保障理事会決議第千二百六十七号等を踏まえ我が国が実施する国際テロリストの財産の凍結等に関する特別措置法）が、国際テロリスト等の取引制限をする規制として存在します。

　金融機関は、これら法令のみならず、金融庁その他当局が策定・公表する指針・ガイドラインも遵守し、これらの規制の趣旨や重要性等を理解すべく当局が発信する情報にも十分留意していくことが重要となります。マネロン・テロ資金供与対策の分野については、金融庁が監督の目線を示している業態別の監督指針でも「取引時確認等の措置」の中で示しているほか、2018年2月に「マネー・ローンダリング及びテロ資金供与対策に関するガイドライン」を公表しています。金融庁は、ガイドラインの解釈や具体的取組み等に関する詳細な内容を「マネロン・テロ資金供与対策ガイドラインに関するよくあるご質問（FAQ）」として公表するほか、金融機関の取組みの現状や金融庁が考える課題・問題意識等を取りまとめた「マネー・ローンダリング・テロ資金供与・拡散金融対策の現状と課題」を定

期的に公表しており（直近は2023年6月公表）、金融機関としては、金融庁によるこうした発信情報にも十分留意していくことが重要となります[7]。また、財務省も、外為法令の遵守の促進等の観点から、外国為替検査ガイドラインを公表しています。

2 海外における法規制―米国OFAC規制

マネロン・テロ資金供与対策については、マネー・ローンダリング等への対策に関する国際協力を推進するため設置されているFATF（Financial Action Task Force）が策定・公表するFATF勧告に基づき各国が法規制を整備しています。

このうち、米国のOFAC規制は、日本の金融機関にも適用され、かつ違反があった場合の制裁金その他の不利益が大きくなる可能性があります。

米国では、財務省外国資産管理室（OFAC：Office of Foreign Assets Control）が、外国政策・安全保障上の観点から、特定の国・地域が関与する取引を制限したり、リストに掲載された制裁対象者の資産凍結や取引の拒絶等を求める規制を実施しています。米国の経済制裁は、大統領の判断に基づく大統領令として発動されることも多く、その内容の変更・追加が機動的に行われるほか、テロ資金供与対策、経済安全保障や人権等、制裁の根拠にも一定の幅が認められます。

OFAC規制は、基本的には米国人・米国企業による取引をその対象としていますが、例えば日本の金融機関による米国金融機関を介した米ドル送

---

7 ガイドラインでは、「本ガイドラインにおける「対応が求められる事項」に係る措置が不十分であるなど、マネロン・テロ資金供与リスク管理態勢に問題があると認められる場合には、業態ごとに定められている監督指針等も踏まえながら、必要に応じ、報告徴求・業務改善命令等の法令に基づく行政対応を行い、金融機関等の管理態勢の改善を図る。」とされています。ガイドラインの「対応が求められる事項」に対する対応が十分でない場合には行政処分が出される可能性が想定されており、金融機関としては、FAQの内容や「現状と課題」で示される当局の問題意識等も踏まえながら、「何が自らにとって十分な対応か」を検討し、必要な対応を実施していくことが重要と考えられます。

金等、米国人・米国企業に制裁対象取引をさせたと判断された場合には、日本の金融機関がOFAC規制に基づく制裁の対象となる可能性があります。また、イラン制裁やロシア制裁等一部の制裁プログラムでは、米国との接点がない取引でも、特定の取引を行った非米国の個人・企業に制裁が科せられる可能性があります（二次的制裁、セカンダリー・サンクション）。これらの制裁が実際には科せられなかった場合であっても、米国当局や金融機関による調査の対象となったり制裁対象取引に関与したとの疑いが周知されたりしただけでも、金融機関からの取引禁止や、レピュテーションの毀損等の不利益を被るおそれがあります。

　OFACは、①経営陣の関与、②リスク評価、③内部管理態勢、④管理部門及び内部監査部門による検証、⑤研修の実施等、制裁プログラムのコンプライアンスのためのガイドラインを公表しており、これらのコンプライアンス・プログラムの整備・実施状況は制裁金の決定等の際に考慮されるとしています[8]。

Q32　経済安全保障とAML/経済制裁②

AML/経済制裁に関し、経済安全保障の観点から金融機関はどのような点に考慮する必要があるのでしょうか。

A

- 取引相手の経済安全保障上懸念のある国・地域との取引状況等の把握や、取扱商品・サービスと規制品目との確認など、AML/経済制裁の既存業務に経済安全保障の観点を取り込んでいくことが重要です。
- 経済安全保障の観点の情報を収集・分析できる態勢を整備し、リスクの

8　OFAC, A Framework for OFAC Compliance Commitments

特定・評価をした上で、経営判断を行うことのできる枠組みを構築することが適切な経済安全保障リスクの管理といえます。

1 　既存のAML/経済制裁実務との整理

　金融機関においては、「マネー・ローンダリング・テロ資金供与・拡散金融対策の現状と課題」（2023年6月、Q31参照）でも言及されているように、他業界と比して一定程度のAML/経済制裁の取組みが進められています。AML/経済制裁の主要業務であるKYC（Know Your Customer）、取引モニタリング、取引フィルタリングの既存実務に対して、経済安全保障の観点として何をどのように取り込み、整理していくか、見ていきたいと思います。

　一般的に金融機関ではマネロン・テロ資金供与等のリスクを評価し自社が受け入れてもよい取引であるかを判断するため、直接の取引相手に対するKYCに加えて、その取引先の確認（KYCC：Know Your Customer's Customer）が行われています。当該取引相手やその取引先が法人であれば、それらの実質的支配者の確認が行われています。こうしたKYCの既存実務に対して考慮すべき経済安全保障の観点は、取引相手やその取引先及びこれらの実質的支配者の所在国・地域や国籍はどこか、取引相手が取り扱う商品やサービスに軍事転用の可能性はないか、自社の取引相手が経済安全保障上懸念のある国・地域に所在する先との取引があるか、などが挙げられます。こうした点に留意しながらKYCで情報収集した上で、AML/経済制裁とは異なる経済安全保障の観点での自社にとってのリスクを適切に評価することが重要となります。

　自社の取引相手及びその取引先の実質的支配者の確認については、その方法や範囲が必ずしもAML/経済制裁の業務で実施されているものにとどまらない可能性があります。AML/経済制裁において遵守すべき法令の一つである犯罪収益移転防止法では、実質的支配者の確認方法は顧客からの

申告が許容されています。そこで定められている実質的支配者は会社の種類によって異なりますが、25%を超える議決権を有する者など形式的な定義となっており、例えば会長職にある者や代表者の親族など、その定義に当たらなくとも依然として法人への影響力を有する真の実質的支配者の特定には不十分である可能性があります。不確かで限られた情報では、自社にとっての経済安全保障上のリスクを適切に把握できません。もし、自社の既存実務が犯罪収益移転防止法で定められている実質的支配者の確認方法や範囲までにとどまっている場合は、AML/経済制裁ならびに経済安全保障上のリスク管理改善のため、KYCの既存業務を見直すことが迫られるでしょう。

　次に取引モニタリングでは、警察庁が公表する「疑わしい取引の参考事例」で挙げられている高額・高頻度な取引等、特に注意を払うべき取引の類型に対して自社の特性を考慮した条件や敷居値をシステム等に設定し、それらに該当した取引を検知し調査することが金融機関の一般的な実務として導入されています。経済安全保障の観点では、こうした取引の類型以外に、自社の取引相手が経済安全保障上懸念のある国・地域、あるいはその経由地となる周辺国・地域との取引状況を検知する条件として加えていくこと等が考慮すべき点として挙げられます。当初AML/経済制裁を目的に導入した取引モニタリングのシステムやツールを活用しながら、経済安全保障のためのシナリオを新たに作成することが考えられます。

　また、経済安全保障上懸念のある国・地域との取引額や取引割合が高まることは、当該国・地域の政府への利益供与に対する批判、レピュテーション・リスクにつながる可能性もあります。いまの当該国・地域との取引状況は自社にとって妥当であるか、取引状況の推移を可視化できる仕組みを構築し、定期的に自社の経営陣にも報告する態勢を整備することも有用でしょう。

　そして、取引フィルタリングの一般的な実務としては、国内外当局が公表する経済制裁対象者リストをあいまい検索の機能が実装されたシステム

図表32−1　経済安全保障の観点を考慮した取引フィルタリング

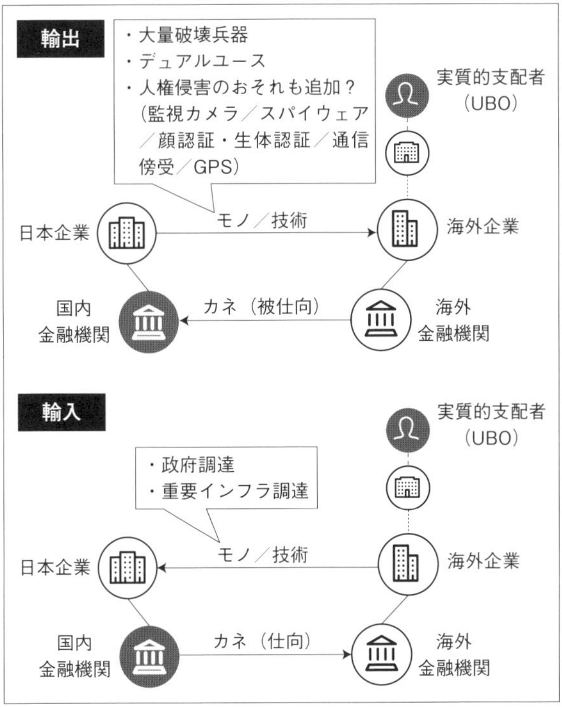

やツールに取り込み、実質的支配者を含む取引相手やその取引先、関係す
る金融機関の名称等と照合し、その該当有無を調査・判断しています。経
済安全保障の観点では、経済制裁対象者のリストに加えて規制品目のリス
トを取り込み、適時に把握・捕捉する態勢がリスクを管理する方法の一つ
と考えられます。また、経済安全保障上懸念のある国・地域の政府との契
約等に応じたモノや技術の調達といった、取引目的の観点にも留意する必
要があるでしょう（図表32−1参照）。

2　経済安全保障リスクを踏まえたガバナンス態勢の構築

ここまで、AML/経済制裁の既存業務に対してどのように経済安全保障

の観点を取り込み・整理するかを見てきましたが、いずれの業務においても適切なリスク管理措置の適用には経済安全保障の観点でのリスク評価が不可欠です。AML/経済制裁と経済安全保障でそれぞれ「リスクが高い」と考える取引相手、商品・サービスや国・地域は異なる可能性があります。AML/経済制裁でリスクの特定・評価の手法や態勢を既に構築している金融機関においては、それらを活用できる部分は活用しながら、経済安全保障でのリスクの特定・評価の手法を構築することが望ましいと言えます。

　また、リスクの特定・評価を実施するにあたっては、平時より適切な範囲・方法で情報を収集し分析する態勢を整備しておくことも必要となります。昨今は国内外の動向も活発になってきており、例えば不定期で規制品目が更新される場合もあることから、国内外の当局の動向も含めた方がよいでしょう。本邦外為法や米国輸出管理規則（EAR）等に基づく輸出入規制は、輸出入業者を規制するもので、金融機関に直接適用されるものでは必ずしもありませんが、軍事転用可能なデュアルユース製品等の輸出入に関して、金融機関においても経済安全保障やレピュテーション・リスクの観点から考慮が必要です。これらを踏まえて、経済安全保障の観点のリスクの特定・評価を行い、特に経済安全保障上リスクが高いと判断した取引の実行の際は、経営判断を行うことのできる枠組みを構築することが適切な経済安全保障リスクの管理と言えるでしょう。

Q33　経済安全保障とサードパーティ・リスク管理①

サードパーティ・リスク管理に関し、国内外ではどのような規制があるのでしょうか。

- 海外では、金融機関のサードパーティ・リスク管理についてのガイドラインに加え、オペレーショナル・レジリエンスや、金融機関に限定されないコンプライアンスや人権、環境、情報セキュリティ等の観点でサードパーティ・リスク管理を要請する法規制・ガイドラインが発表されています。
- 日本では、監督指針に委託先管理に関する目線が示されていますが、2023年4月に公表されたディスカッション・ペーパー「オペレーショナル・レジリエンス確保に関する基本的な考え方」において、オペレーショナル・レジリエンスに関する態勢整備におけるサードパーティ・リスク管理強化の必要性が示されています。また、オペレーショナル・レジリエンスやサードパーティ等の管理に関する目線を記載した監督指針が新たに示されました。

1 海外における法規制

サードパーティ・リスク管理に関する法規制は各国で制定されています。例えば米国では、2013年頃、米通貨監督庁（OCC）よりBulletin 2013-29が発表され、サードパーティとの関係性の定義が再整理されました。例えば、リスク管理対象とするサードパーティの範囲を従来のベンダーのみならずあらゆるサードパーティを考慮すべきといった点などが整理されました。これはサードパーティとの関係性の複雑さの高まりなどに金融機関のサードパーティ・リスク管理態勢が十分対応できていないといった懸念に対応したものでした。併せて、この頃、米連邦準備制度（FRS）、米連邦預金保険公社（FDIC）といった各規制当局からもサードパーティ・リスクに関する規制・ガイドラインが発表されました。

2021年7月にはOCC、FRS、FDICの3機関から統合ガイドラインのドラフトが発表され、2023年6月に「Third-Party Relationships: Interagency Guidance on Risk Management」9として正式に発表されました。この ガイドラインは各機関の整合性確保や、クラウドベンダーやFintechベンダー等のサードパーティの種類・数の増加といった環境変化に適合させ、サードパーティとの関係性に応じてリスクや対応が異なる旨の明確化などがされました。

　その他の国においても、英国ではPRAがアウトソーシング先、サードパーティのもたらす影響への委託元金融機関の責任について言及しています。その他、アジア太平洋地域でも、シンガポール、オーストラリア、香港等の規制当局より規制・ガイドラインが発表されています。

　また、オペレーショナル・レジリエンスの観点においてもサードパーティ・リスクの管理は重要であり、バーゼル銀行監督委員会（BCBS）のオペレーショナル・レジリエンスの7原則においてもサードパーティ依存度が取り上げられています。サードパーティは重要業務を担うリソースの一つであり、社会の重要インフラとして金融機関が継続してサービスを提供するためにも、重要サードパーティを識別し重点的に管理することを各国法規制が要請しており、欧州や英国では重要サードパーティの取締役会や規制当局への報告も要請されています（Q39参照）。

　その他、贈収賄や輸出入管理、制裁、AML、人権・環境などのサステナビリティ、プライバシー・個人情報保護、サイバーセキュリティなどさまざまな領域において個々のリスク領域の視点からのサードパーティ・リスク管理が求められます。具体的な法規制については図表33－1をご参照ください。

2　日本における法規制

　日本におけるサードパーティ・リスク管理に関する法令・ガイドラインとしては、「主要行等向けの総合的な監督指針」等の金融庁が発表してい

9　https://www2.occ.gov/news-issuances/bulletins/2023/bulletin-2023-17.html

図表33－1　サードパーティ・リスク管理が求められる法規制の例

リスク	主な法規制・ガイドライン例 （海外）	主な法規制・ガイドライン例 （日本）
オペレーショナル・レジリエンス	・Principles for operational resilience（BCBS：バーゼル銀行監督委員会） ・DORA：The Digital Operational Resilience Act（EU）	・オペレーショナル・レジリエンス確保に向けた基本的な考え方（金融庁）
贈収賄	・FCPA（米国）、Bribery Act（英国）	・不正競争防止法
情報管理	・GDPR（EU） ・CCPA（米国カリフォルニア州）	・個人情報保護法
サイバーセキュリティ	・NIST SP800シリーズ（米国）	・サイバーセキュリティ経営ガイドライン（経済産業省）
人権・環境	・現代奴隷法（英国など） ・CSDD指令（EU）	・「ビジネスと人権」に関する行動計画（日本政府） ・責任あるサプライチェーン等における人権尊重のためのガイドライン（経済産業省）
輸出入管理・制裁	・EAR：Export Administration Regulations（米国） ・OFAC規制（米国）	・外為法

る総合的な監督指針があります。監督指針では、顧客情報管理、苦情管理、事務リスク・システムリスク管理において外部委託先の管理責任の明確化、モニタリング、自主的な改善状況の把握、データ管理、教育等を要請していますが、多くの金融機関では従来の外部委託先管理の延長で対応がされています。

　また、2023年4月に金融庁よりディスカッション・ペーパー「オペレーショナル・レジリエンス確保に向けた基本的な考え方」が公表されました。この文書は参考事例・好事例を示すもので、検査・監督において「個々の論点を形式的に適用したり、チェックリストとして用いるものではない」とされていますが、従来型BCPに留まらず、利用者目線に立って金融サービス提供を継続し社会インフラとしての責任を果たすためにオペレーショナル・レジリエンスを実現すること、そのために重要な経営資源

の1つであるサードパーティの管理が重要である点などが述べられています。

また、当該オペレーショナル・レジリエンスに関するディスカッション・ペーパーに対するコメントに対して金融庁は「重要なサードパーティの利用状況に関する報告制度については検討中」[10]と回答しています。今後海外の法規制で見られるようなサードパーティ・リスク管理に関して、重要なサードパーティの管理・報告等が金融機関に要請される可能性も考えられます。

なお、ディスカッション・ペーパー「オペレーショナル・レジリエンス確保に向けた基本的な考え方」の確定とあわせて、オペレーショナル・レジリエンスに関する態勢整備や、サードパーティ等の管理に関する目線を記載した監督指針が新たに示されました[11]。

その他海外でのケースと同様、日本においてもあらゆる業界の企業が考慮する必要のある反社会的勢力対応や個人情報保護、輸出管理など委託先やサードパーティへのリスク管理の観点から、委託先・サードパーティの遵守状況を確認する必要がある法規制もあり、金融機関もこれらのリスク管理が求められます。具体的な法規制については図表33−1をご参照ください。

Q 34 　　**経済安全保障とサードパーティ・リスク管理②**

サードパーティ・リスク管理に関し、経済安全保障の観点から金融機関はどのような点に考慮する必要があるのでしょうか。

---

10 「コメントの概要及びコメントに対する金融庁の考え方」
　　https://www.fsa.go.jp/news/r4/ginkou/20230427/01.pdf
11 　https://www.fsa.go.jp/news/r4/ginkou/20230623-2.html

- 経済安全保障推進法における特定社会基盤事業者として、特定重要設備・重要維持管理等を扱うサードパーティについて適切に把握し事前届出を行うとともに、特定妨害行為につながるリスクを低減させるためのサードパーティ・リスク管理が求められます。
- サードパーティ・リスク管理ではサードパーティ選定時の情報収集・リスク評価や取引開始後のモニタリングが求められます。
- サードパーティ・リスク管理の高度化の動きや、経済安全保障推進法の制定その他経済安全保障に関する目線の高まりからすると、特定社会基盤事業者に指定されるか否かにかかわらず、金融機関としては、経済安全保障推進法や基本指針の考え方も参考としながら、サードパーティ・リスク管理の枠組み等の中でサードパーティに起因する経済安全保障リスクを適切に把握・管理していくことが重要と考えられます。

1　特定重要設備・重要維持管理等を扱うサードパーティの管理

　銀行業、資金移動業、保険業を行う金融機関は預金口座数などの所定の条件に合致すると特定社会基盤事業者として指定されます（Q22参照）。指定対象となる事業者は、いかなる設備が特定重要設備として事前届出の対象となるかを早期に特定し、特定重要設備の供給者や委託の相手方の役員・株主の属性の調査等、作成に時間を要する事項に早期に着手することが重要となります。なお、基本指針では届出が必要な項目は特定社会基盤事業ごとに主務省令で定めることが明記されており、項目が例示されています（Q11、図表34－1参照）。

　これらの情報を収集する実務としては、サードパーティに対して情報提供依頼することが考えられます。このようなデータ収集業務は、特定重要設備・重要維持管理等を委託する全てのサードパーティに対して法令上の

図表34-1　事前届出が必要なサードパーティの種類と届出が必要な項目の例

事前届出が必要な サードパーティの種類	届出が必要な項目の例
特定重要設備の供給者	・特定重要設備の供給者の名称、住所、設立国 ・一定割合以上の議決権保有者の名称、国籍、保有割合 ・役員の氏名、国籍 ・外国政府等との取引高が一定割合以上である場合、当該国名及び割合 ・設備の製造場所
重要維持管理等の委託の相手方	・委託の相手方の名称、住所、設立国 ・一定割合以上の議決権保有者の名称、国籍、保有割合 ・役員の氏名、国籍 ・外国政府等との取引高が一定割合以上である場合、当該国名及び割合

要求を満たすよう実施する必要があります。一方で、委託する業務の重要度や委託先となる企業によってはサードパーティが提供する情報のみでは不十分となる場合も想定されます。

　そのような場合は、外部のデータソースの活用や委託先となるサードパーティとの面談・現地調査などの追加調査の実施が望ましい場合も想定されるべきです。このようなデータ収集・検証といった業務は一定の工数・労力を要することになるため、特定重要設備・重要維持管理等を委託する全てのサードパーティに一律に適用することは現実的に難しい可能性も考えられます。リスクベース・アプローチを導入し、業務の重要度やサードパーティの属性に基づくリスクのレベルに応じて情報収集・検証の範囲・深度を調整することでより現実的で形骸化しない仕組みを実現することが可能と考えられます。

　例えば、事前届出が必要な項目の中には議決権保有者の情報なども例示されています。直接保有する議決権保有者の情報については、サードパーティから情報提供してもらったり、開示情報から取得するといった対応も考えられます。一方で、今後政省令で直接保有の議決権保有者のみの届出を求めるとなった場合であっても、リスクの高い業務を委託するサード

パーティやリスクの高い可能性があるサードパーティに対しては間接保有の議決権を含むいわゆる実質的支配者（UBO）等も明らかにすることで特定の属性をもつ企業・団体・個人が基幹インフラの構築、維持管理に関与することを把握できる可能性があると考えられます。委託内容やサードパーティの属性に応じたリスクベースのサードパーティ・リスクの情報収集・評価の仕組みをもつことが、業務を形骸化させることなく法規制への対応やインシデントの予防につながると考えられます。

　金融機関におけるシステムの開発や導入には相応の期間を要するほか、その過程には多くのベンダーが関与することが想定されます。短期的には、既存の委託先管理の仕組みなどに、経済安全保障リスクの目線も加味することが求められるでしょう。また、中期的には経済安全保障以外の要請も考慮し全社横断的なサードパーティ・リスク管理の仕組みの構築も検討すべきと考えられます。

　いずれにおいても、サードパーティ選定時の情報収集・リスク評価や取引開始後のサードパーティ・リスクの変化をモニタリングしていく仕組みをもつことは重要です。取引開始後に、サードパーティの資本関係に変化があった場合などは届出の対象になることも想定され、これらのモニタリングも重要な業務となります。

2　サードパーティ・リスク管理（TPRM）フレームワーク

　経済安全保障以外の要因でも、オペレーショナル・レジリエンスであったりその他法規制対応であったりとサードパーティを幅広く対象としそれらに起因するリスクを管理することがより求められる潮流にあります（Q33参照）。現在基本指針上で開示されている図表34－1のような情報項目はあくまで例示であり、これら以外の情報項目の管理が求められる可能性があります。一般的にサードパーティに起因するリスクについてはサイバーリスク、オペレーショナル・レジリエンス、個人情報、コンプライアンス等多岐に渡り、サードパーティ・リスクにおいてはこれらのリスク情

報を管理することが求められます。

　また、サードパーティから調達するサービス・財に起因する固有リスクの評価からサードパーティ自体の統制状況の評価から残余リスクを評価するリスクベース・アプローチや、取引開始後のサードパーティの変化をモニタリングし適時にリスク把握・対応を実施できる仕組みなどを構築することが求められます。

　経済安全保障やその他各種の法規制、各金融機関におけるルール遵守、環境変化への対応といった観点で、それらのニーズを全社的に対応する仕組みとして現行の委託先管理の仕組みを踏まえ、TPRMのフレームワークを導入する動きは既に海外では深く浸透しており、国内でもその動きが始まっています。

　こうしたTPRMの高度化の動きや、経済安全保障推進法の制定その他経済安全保障に関する目線の高まりからすると、TPRMにおいて考慮すべきサードパーティは、経済安全保障推進法上の「特定重要設備の供給者」「重要維持管理等の委託の相手方」に限られるものではなく、またTPRMにおいて経済安全保障リスクを考慮すべき金融機関は経済安全保障推進法上の「特定社会基盤事業者」に限られるものでもないといえます。特定社会基盤事業者に指定されるか否かにかかわらず、金融機関としては、経済安全保障推進法や基本指針の考え方も参考としながら、TPRMの枠組み等の中でサードパーティに起因する経済安全保障リスクを適切に把握・管理していくことが重要と考えられます。

Q35　経済安全保障とサイバーセキュリティリスク①

サイバーセキュリティに関し、国内外ではどのような規制があるのでしょうか。

- 国内では「サイバーセキュリティ基本法」が制定され、同法に基づき 「重要インフラのサイバーセキュリティに係る行動計画」「重要インフラ のサイバーセキュリティに係る安全基準等策定指針」等が整備されてい ます。加えて金融庁が発行している「監督指針」及び「金融分野におけ るサイバーセキュリティ強化に向けた取組方針」、並びに公益財団法人 金融情報システムセンター（FISC）が発行する「金融機関等コンピュー タシステムの安全対策基準」は、金融機関がサイバーセキュリティに取 り組む上で遵守すべき事項として一般的に参照されます。

- 国外の各国においてもさまざまなサイバーセキュリティ規制が制定され ています。あくまで一例となりますが、米国では連邦政府レベルでは連 邦金融機関検査協議会（FFIEC）の「IT Handbook」、州政府レベルでは ニューヨーク州金融サービス局の「Cybersecurity Requirements for Financial Service Companies」等が制定されています。日本の金融機関に おいても国外拠点（支店、現地法人）がある場合、国外拠点は所在地の 規制遵守が必要な場合があります。加えて、日本本社のシステムを国外 拠点が利用している場合、日本本社は国外拠点の「サービス提供者」と して国外拠点所在地の規制遵守が必要になる場合があります。

1 「サイバーセキュリティ基本法」と「重要インフラの サイバーセキュリティに係る行動計画」

　「サイバーセキュリティ基本法」は、サイバーセキュリティ等に関する 施策を総合的かつ効率的に推進するため、基本理念を定め、国の責務等を 明らかにし、サイバーセキュリティ戦略の策定その他当該施策の基本とな る事項等を規定した法律として2014年に制定されました。

　「サイバーセキュリティ基本法」では「重要社会基盤事業者の責務」（6 条）として「そのサービスを安定的かつ適切に提供するため、サイバーセ

キュリティの重要性に関する関心と理解を深め、自主的かつ積極的にサイバーセキュリティの確保に努めるとともに、国又は地方公共団体が実施するサイバーセキュリティに関する施策に協力するよう努める」と定めるとともに、「重要社会基盤事業者等におけるサイバーセキュリティの確保の促進」（14条）として「国は、重要社会基盤事業者等におけるサイバーセキュリティに関し、基準の策定、演習及び訓練、情報の共有その他の自主的な取組の促進その他の必要な施策を講ずる」と定めています。

「サイバーセキュリティ基本法」に基づき、政府のサイバーセキュリティ戦略本部では「重要インフラのサイバーセキュリティに係る行動計画」及び「重要インフラのサイバーセキュリティに係る安全基準等策定指針」を定め、継続的に更新しています。

なお、「重要社会基盤事業者等」及び「重要インフラ」には銀行・証券・保険等の金融機関が含まれます。

2　金融庁及びFISCの発行文書

既述のとおり、金融庁が発行している「監督指針」及び「金融分野におけるサイバーセキュリティ強化に向けた取組方針」、並びにFISCが発行する「金融機関等コンピュータシステムの安全対策基準」は金融機関がサイバーセキュリティに取り組む上で遵守すべき事項として一般的に参照されています。以下にその概略を記載します。

⑴　「監督指針」

「監督指針」では、システムリスクの一部としてサイバーセキュリティ管理を行うことを求めています。必要な対策として、取締役会等による重要性認識、組織体制の整備、多段階（入口対策・内部対策・出口対策）のセキュリティ対策を組み合わせた多層防御、サイバーセキュリティ人材の計画的育成・拡充等の10点が挙げられています。

⑵　「金融分野におけるサイバーセキュリティ強化に向けた取組方針」

「金融分野におけるサイバーセキュリティ強化に向けた取組方針」は

2015年7月に初版が発行され、2022年2月にVer.3.0への改訂がされています。Ver.3.0では以下の5つの取組みが定められており、経済安全保障も含まれています。

① モニタリング・演習の高度化

　サイバーセキュリティ管理態勢の検証、サイバーセキュリティに関する自己評価の促進、サイバーセキュリティ演習の高度化

② 新たなリスクへの備え

　キャッシュレス決済サービスにおける安全性の確保、クラウドサービス普及等への対応、サイバーハイジーンの徹底、サイバーレジリエンスの強化

③ サイバーセキュリティ確保に向けた組織全体での取組み

　経営層の関与、セキュリティ人材の育成

④ 関係機関との連携強化

　内閣サイバーセキュリティセンター等との連携、捜査当局等との連携、国際連携の深化

⑤ 経済安全保障上の対応

　金融業の保有するデータの適切な管理やサイバーセキュリティの強化、機器・システムの利用や業務委託等を通じたリスクへの対処

(3)「金融機関等コンピュータシステムの安全対策基準」

　「金融機関等コンピュータシステムの安全対策基準」は1985年12月に初版が発行され、2022年12月に第10版への改訂がされています。大きく「統制基準」「実務基準」「設備基準」「監査基準」の4つの基準から構成され、約300に及ぶ対策基準が定められています。第10版でのサイバーセキュリティに関する改訂としては、国内外の代表的なガイドライン等の内容を分析した結果として、以下の項目について取込みが行われました。

① サイバーセキュリティに関する新たなリスクへの対策

② 侵入されることを前提とした対策の必要性

③ サイバーセキュリティ情報の適切な共有及び留意事項

3 経済安全保障推進法で求められる「リスク管理措置」との関係

基本指針には特定社会基盤事業者が講ずるべき9つ（①から⑨）のリスク管理措置が記載されており（Q12参照）、このうち後掲の①③④⑤についてはサイバーセキュリティ対策との関わりが深いものとなります。この中で③④⑤については、上述の国内規制等に基づいた対策を実施済みであれば、一定程度充足されるものと考えられます。一方で、①については設備の供給者における製造等の工程における不正対策に関する内容であり、既存の対策ではここまでを充足できていない可能性があると考えられます。このため、既存の対策によるリスク管理措置の充足性については改めて確認を行うことが望まれます。

① 特定重要設備及び構成設備の供給者における製造等の過程で、特定重要設備及び構成設備に不正な変更が加えられることを防止するために必要な管理がなされ、当該管理がなされていることを特定社会基盤事業者が確認できることを契約等により担保している。

③ 特定重要設備及び構成設備について、不正な妨害が行われる兆候を把握可能な体制がとられており、不正な妨害が加えられた場合であっても、冗長性が確保されているなど、役務の提供に支障を及ぼさない構成となっている。

④ 委託された重要維持管理等の実施に当たり、委託（再委託（再委託された重要維持管理等の全部又は一部が更に委託されるものを含む。以下同じ。）を含む。）を受けた者（その従業員等を含む。）によって、特定重要設備について特定社会基盤事業者が意図しない変更が加えられることを防止するために必要な管理等がなされ、その管理等に関する事項を特定社会基盤事業者が確認できることを契約等により担保している。

⑤ 重要維持管理等の再委託が行われる場合においては、再委託を受けた者のサイバーセキュリティ対策の実施状況を確認するために必要な情報

が、再委託を行った者を通じて特定社会基盤事業者に提供され、また、再委託を行うことについてあらかじめ特定社会基盤事業者の承認を受けることが契約等により担保されている。

Q36 経済安全保障とサイバーセキュリティリスク②

サイバーセキュリティに関し、経済安全保障の観点から金融機関はどのような点に考慮する必要があるのでしょうか。

A

- 経済安全保障推進法や政令等において求められている対応、すなわち特定重要設備・重要維持管理業務等を対象に、所定のリスク管理措置を実施することは法令対応上最低限必要な対応となります。

- 一方、法令で求められている対応は「①適正な競争関係を不当に阻害することのないように配慮するとともに、②特定社会基盤役務の提供に当たって過度な負担を生じないよう、対象は真に必要な範囲に限定」されたものとなっています（Q10参照）。

- このため、個々の金融機関の特性を踏まえ、法令対応を超えた「経済安全保障リスク」対応として、以下のような点から法令で求められる範囲のみで妥当であるか、追加で実施すべきことがないかを考慮する必要があります。
  - ➢ 想定する攻撃者やリスクの範囲
  - ➢ 対象とする設備等の範囲
  - ➢ 適用するリスク管理措置の範囲

1 想定する攻撃者やリスクの範囲

　基本指針は、「特定妨害行為」について「『特定重要設備の導入又は重要維持管理等の委託に関して我が国の外部から行われる特定社会基盤役務の安定的な提供を妨害する行為』（法第52条第2項第2号ハ）に限定されていることから、例えば、特定重要設備の導入又は重要維持管理等の委託とは関係のない第三者が行う妨害行為や、我が国の外部から特定社会基盤役務の安定的な提供を妨害しようとする主体との関わりがない妨害行為は該当しない」（基本指針第1章第3節(2)）としています。このことから、経済安全保障推進法が想定する攻撃者とは「特定重要設備の導入又は重要維持管理等の委託に係る関係者」、すなわち、サイバー攻撃などによる侵入行為を伴わずとも金融機関（における特定重要設備）にアクセスし得る者が想定されていると理解されます。また、想定するリスクについても「特定社会基盤役務の安定的な提供を妨害する行為」とあることから、情報漏えい自体は直接的にはリスクとして想定されていないと理解されます。

　一方で、実際に過去に発生したサイバー攻撃事案を振り返れば、上記の範囲を超えたサイバー攻撃が行われています。公安調査庁が公表した「経済安全保障の確保に向けて2022～技術・データ・製品等の流出防止～」（2022年5月27日）では経済安全保障に係るサイバー攻撃の事例として、国内大手電機メーカーに対するサイバー攻撃による防衛関連情報の漏えい事例等3つの事例が紹介されています。これらの事例における攻撃者は必ずしも「サイバー攻撃などによる侵入行為を伴わずとも金融機関（における特定重要設備）にアクセスし得る者」には該当せず、かつ情報漏えいリスクが顕在化した事案となります。

　このことを踏まえれば、経済安全保障推進法で求められる範囲を超えて、攻撃者・リスクを想定した上で対策を講じる必要があります。

2 対象とする設備等の範囲

2023年6月、特定社会基盤役務の安定的な提供の確保に関する制度の運用開始に向けた検討状況が公表されており、特定重要設備については例えば銀行業であれば、預金・為替取引システム、保険業であれば保険金支払システムが対象とされています。この特定重要設備は想定リスクが「特定社会基盤役務の安定的な提供を妨害する行為」であることを前提としたものと理解されるため、上記1の「想定する攻撃者やリスクの範囲」の内容を踏まえて想定リスクを追加した際には、対象とする設備等の範囲についても整合させ、追加する必要があります。

3 適用するリスク管理措置の範囲

基本指針には特定社会基盤事業者が講ずるべき9つ（①から⑨）のリスク管理措置が記載されており（Q12、Q35参照）、このうち①③④⑤についてはサイバーセキュリティ対策との関わりが深いものとなります。これらのリスク管理措置は想定リスクが「特定社会基盤役務の安定的な提供を妨害する行為」であることを前提としたものと理解されるため、上記1の「想定する攻撃者やリスクの範囲」の内容を踏まえて想定リスクを追加した際には、リスク管理措置についても整合させ、追加する必要があります。

経済安全保障リスク対応として金融機関において検討・導入されているリスク管理措置として、あくまで一例ではありますが、以下のようなものが挙げられます。

● 国外拠点とのシステム・ネットワークの分離

　　経済安全保障上、懸念がある国からのガバメントアクセスリスクを踏まえ、当該国における国外拠点とのシステム・ネットワーク分離が検討ないしは導入されている場合があります。

● ソフトウェア部品構成表（SBOM：Software Bill Of Material）による管

理

　システム開発において、内製開発、外部委託開発のいずれかを問わ
ず、多数のオープンソースソフトウェア（OSS）がシステムの一部と
して利用されることが一般的になっています。これらOSSについて、
セキュリティ上の脆弱性や経済安全保障上の懸念が判明する場合があ
ります。一方で、システムに含まれるOSSの識別・管理はこれまであ
まり行われていないのが実態でした。そのため、ソフトウェア部品構
成表（SBOM）を用いたOSS管理が検討ないしは導入されている場合
があります。

Q37 経済安全保障とデータプライバシー①

データプライバシーに関し、国内外ではどのような規制があるので
しょうか。

A

- 国内では個人情報保護法（個人情報の保護に関する法律）、国外ではEUの
  GDPR（General Data Protection Regulation）をはじめとして、多くの国が
  データプライバシーに関する法律を導入しています。
- 国外の法律であっても、特定のケースにおいては日本企業が適用対象と
  なる場合があります。違反すると高額な制裁金が科される等の執行が考
  えられるため、対応の要否について検討し、必要に応じて速やかに具体
  的な対策を講じることが重要です。

1　データプライバシーの重要性

データプライバシーとは、データにかかわる個人の権利利益を保護する

ことを目的として、データの取扱いをコントロールすることを指します。経済・社会活動のグローバル化や情報通信技術の発展等に伴いデータの利活用・流通が活発になる中、多くの国においてデータプライバシーに関する規制が導入されています。

2　各国のデータプライバシーに関する法規制

　国連[12]によると、データとプライバシー保護に関する法律を制定している国は、137ヵ国に及ぶと報告されています。これは世界の約71％に相当し、多くの国がデータプライバシーに関する法律を導入していることが分かります。これらの規制に関しては、主に次の項目について企業側の義務が規定されている点は共通と言えます。ただし、ルールの具体的な内容となると規制によって異なっている場合が多く、自社に適用される規制を踏まえ対応を検討する必要があります。

① 保護の対象となるデータ：特定の個人を識別できるデータのほか、規制によっては、機器等に割り当てられた識別子といったものも対象になることがあります。

② 域外適用：自国に所在する企業以外に、その国の外にある企業に対しても特定のデータの取扱いがあれば規制が適用されることがあります。

③ 本人への通知や本人からの同意の取得：データの取扱いにあたって、利用目的等を通知することだけでなく、本人から同意を得ることが定められている場合があります。

④ 本人の権利：企業に対して、本人がデータの開示や訂正、消去等を求める権利が定められています。

⑤ インシデント対応：漏えい等のインシデントが発生した場合、当局への報告や本人への通知が求められる場合があります。

⑥ 越境移転：外国にデータを送信することや、外国からデータにアクセ

12　https://unctad.org/page/data-protection-and-privacy-legislation-worldwide

スを許すことについて制限が設けられることがあります。また、自国内でのデータ保存・処理を求めるデータローカライゼーションが規定されている場合もあります。

⑦　罰則：企業に対する制裁金のほか、違反にかかわった個人に対する罰金や懲役等が規定されている場合があります。

ここでは、日本の個人情報保護法に加え、日本企業への一定の影響が想定される、EUのGDPR、米国カリフォルニア州のCPRA（California Privacy Rights Act）、及び中国の個人情報保護法についての動向を紹介します。

①　日本：個人情報保護法

　3年ごとに見直しを検討することになっており、次回の改正が2025年頃に行われる可能性があります。特に金融機関においては、「金融分野における個人情報保護に関するガイドライン」等、業界向けの規律も参照する必要があります。

②　EU：GDPR

　2018年5月25日に施行された後、条文の変更は見られませんが、欧州データ保護会議（European Data Protection Board）からガイドラインや勧告等が度々リリースされており、自社の状況に応じた対応が必要になっています。

③　米国カリフォルニア州：CPRA

　2023年1月1日に施行され、カリフォルニアプライバシー保護局による制裁金の賦課等は2024年3月29日から執行される見込みです。

④　中国：個人情報保護法

　2021年11月1日に施行されました。また、関連する法令として、サイバーセキュリティ法やデータ安全法、さらに弁法等の下位の規律や特定の業界向けの規律にも注意が必要です。

Q38　経済安全保障とデータプライバシー②

データプライバシーに関し、経済安全保障の観点から金融機関はどの
ような点に考慮する必要があるのでしょうか。

A

● 金融機関が保有する個人についての情報は、経済安全保障の観点におい
ても、高い機密性が維持されるよう十分な保護が求められます。

● 特に、そうした情報が越境移転されている場合には、移転先の国・地域
におけるガバメントアクセスの状況を踏まえ、補完的な対策を導入する
ことも重要になります。

1　データプライバシーと経済安全保障

　通常データプライバシーは、個人の権利利益の保護を目指すものであ
り、国家及び国民の安全を害する行為の未然の防止を念頭に置いた経済安
全保障の施策に必ずしも直接関連づけられるものではないかもしれませ
ん。ただし、安全保障にかかわる個人の情報の保護という点に関しては、
データプライバシーにおいても十分留意する必要があると考えられます。
特に金融機関においては、そうした個人にかかわる情報のうち、預金その
他取引等の情報や、健康・医療情報[13]といった機微な情報が取り扱われ、
これらの機微な情報やその分析結果等が悪用されて我が国の安全保障に懸
念が生じるおそれが想定されるため、機密性の確保が重要になります。

　このとき、個人データに関する安全管理措置等、個人情報保護法と関連
するガイドラインで求められる対応の他に、該当する情報が越境移転[14]さ

13　保険会社で取り扱われる診断書や検査結果等が挙げられます。

れている場合には、移転先の国・地域におけるガバメントアクセスの状況にも注意が求められます。なお、ここでガバメントアクセスとは、公的な機関による、民間部門が保有する情報への強制力を持ったアクセスで、通常の犯罪捜査を目的としたものではない主に諜報活動に当たるものを指すとします。

金融機関ではありませんが、数年前には、そのようなガバメントアクセスが行われる国への移転に関連して、メッセージング機能の他、決済機能を提供するプラットフォーマー企業が、一部の個人データに関し現地からアクセスが可能な状態であった点について、当局から改善のための指導を受けたこともありました。

2 ガバメントアクセスがあるとされる国・地域と想定されるリスクシナリオ

ガバメントアクセスが許容される制度を持った国・地域には次のような例があることが知られています[15]。なお、括弧内はガバメントアクセスの根拠となる代表的な制度の名称です。

① 中国（国家情報法）

② 香港（国家安全維持法）

③ ロシア（連邦保安庁に関する1995年4月3日の連邦法第40-FZ号）　等

また、ガバメントアクセスに関して想定されるリスクシナリオの例には、次のようなものが挙げられます。

---

14 ここでいう「移転」とは、データのコピーが現地に転送・保存されることだけでなく、現地からネットワークを介して、日本等その国の外にあるデータを閲覧することも含まれます。

15 個人情報保護委員会「諸外国・地域の法制度」（https://www.ppc.go.jp/enforcement/infoprovision/laws/）における各国・地域に関する記載のうち、「事業者に対し政府の情報収集活動への協力義務を課す制度であって、本人の権利利益に重大な影響を及ぼす可能性のあるもの」を参考にしました。

① 当該国内での直接的アクセス

当該国の国内にデータベースが設置されている場合、その運営主体（現地企業：自社のグループ会社またはベンダー等）を介してアクセスが行われる

② 当該国内の者を介した間接的アクセス

データベースが当該国の国外にあるが、その運用／保守等を行っている企業が当該国の国内にある場合、その企業に対してアクセスが行われる

3 ガバメントアクセスへの対応

経済安全保障上、前述の個人にかかわる情報で特に機微な内容のものについては、ガバメントアクセスが想定される国へ移転しないことが、原則になると考えられます。それでもなお、何らかの必要性があって、やむを得ずそうした国への移転を行う場合には、通常求められる措置に加えて何らかの補完的な対応を検討することが重要になります。例えば、日本企業にとっては必ずしも強制力を持ったものではありませんが、EUの勧告[16]においては、ガバメントアクセスのある国に個人データを移転する際には、次のような措置を講じることが挙げられています。

① 技術的保護措置（伝送経路上・保管中の暗号化、仮名化等）

② 契約的保護措置（監査の受入れ、バックドア発見時の通報、ガバメントアクセスを認識したこと／していないことの通報等）

③ 組織的保護措置（ガバメントアクセスを認識した際の対応手続の規定等）

---

16 Recommendations 01/2020 on measures that supplement transfer tools to ensure compliance with the EU level of protection of personal data, Version2.0, European Data Protection Board

Q39 経済安全保障とオペレーショナル・レジリエンス

オペレーショナル・レジリエンスへの対応は、経済安全保障対応とはどのような関係にあるのでしょうか。

A

- 経済安全保障対応に関連して、金融機関が重要業務を提供できなくなるおそれが生じる場合には、オペレーショナル・レジリエンス対応上、予め代替手段の確保等重要業務のプロセスを確認し、業務中断を回避する防止策を準備しておく必要があります。

- オペレーショナル・レジリエンスのシナリオ分析に、経済安全保障の観点も織り込んで、あらゆる事態を想定して重要業務提供継続を検証する必要があります。

---

1 オペレーショナル・レジリエンスと経済安全保障対応

オペレーショナル・レジリエンスとは、金融庁の「オペレーショナル・レジリエンス確保に向けた基本的な考え方」（2023年4月）によれば、金融機関の業務の強靱性・復旧力のことで、「システム障害、サイバー攻撃、自然災害等が発生しても、重要な業務を最低限維持すべき水準において、提供し続ける能力」のことです。例えば、COVID-19による営業業務の制限等想定外の事象が生じた場合に、ATMの現金払出し等金融システム安定上の重要な業務を提供できなくなるおそれに対応すること等が該当します。予め未然に防止策を尽くしてもなお、業務中断が生じることを前提に利用者目線で早期復旧・影響範囲の軽減を確保する枠組みとなります。2021年3月にバーゼル銀行監督委員会が「オペレーショナル・レジリエンスのための諸原則」を策定したことに対応して、日本における位置づけや

図表39-1　オペレーショナル・レジリエンスの基本動作

❶ 「重要な業務」の特定

重要な業務（その中断が金融システムの安定や利用者の日常生活に著しい悪影響を生じさせるおそれのある金融サービス）を特定する

❷ 「耐性度」の設定

重要な業務についても業務中断が必ず起こることを前提に最低限維持すべき水準（耐性度）を設定する

❸ 相互連関性のマッピング／必要な経営資源の確保

必要な社内外の経営資源を特定し、それらの相互連関性や相互依存度をマッピングする。必要な投資を意思決定し、ヒト・モノ・カネを採用・配置・配分する

❹ 適切性の検証／追加対応

経営陣のコミットメントの下、シナリオ分析や訓練等を通じて、適切性を組織横断的に検証し、必要に応じて見直しや追加的措置を講じる

出所：金融庁「オペレーショナル・レジリエンス確保に向けた基本的な考え方」（2023年4月）

基本動作、さらには課題や期待される効果等も含め、金融庁が基本的な枠組みを示しました（図表39-1参照）。

　基本動作としては、図表の通り4つのステップに分かれています。①重要な業務を特定した後に、②業務中断の際でも最低限度維持すべき耐性度を設定します。さらに、③重要業務に関してどのような経営資源で提供しているか等相互連関性のマッピングにより確認し経営資源の確保を図ります。その上で、④業務中断に関するシナリオ分析、検証を実施し対応策を確認する、という一連の流れとなります。

　このため、経済安全保障対応に関連して、金融機関が重要業務を提供できなくなるおそれが生じる場合には、オペレーショナル・レジリエンス対応上、予め代替手段の確保等重要業務のプロセスを確認し、業務中断を回避する防止策を準備しておく必要があります。上記で言えば、主にプロセスの③と④に関係します。なお、③の重要業務の相互連関性のマッピングは重要業務がどのようなサードパーティや外部委託事業者に委託して提供

しているかという確認も含まれます（Q33、Q34参照）。経済安全保障上問題となるようなサードパーティからの業務委託により重要業務を提供している場合には、代替手段を検討する必要がある上、その代替手段が、予め設定した耐性度を満たす水準かどうか、また耐性度が予定している時間内に確保可能かどうか、業務中断に関するシナリオ分析の中で検証する必要があります。金融テクノロジーの進展により金融機関のオペレーションも複雑化しており、オペレーショナル・レジリエンスの検証に当たっては、経済安全保障の観点もシナリオ分析に織り込んで、あらゆる事態を想定して業務提供継続を検証する必要があります。

Q40 経済安全保障と人権

人権への対応は、経済安全保障対応とはどのような関係にあるのでしょうか。

A

- これまでは、経済安全保障は国家の安全保障にかかわる問題である一方、「ビジネスと人権」は企業活動における人権尊重の問題であり、両者を区別して論じる傾向が多かったように思われます。
- もっとも、国内外の当局が行う輸出管理や経済制裁等の規制は、経済安全保障・人権いずれの問題に対する対応としても用いられるなど、経済安全保障と人権の問題が交錯する場面が増えてきています。
- 金融機関としては、経済安全保障・人権それぞれのリスクの内容や両者の異同等を正確に理解・評価することを前提としながらも、概念的な両者の区別等に固執することなく、双方を同一の部門・ツールで管理する等、実務上の利便性も意識した現実的なリスク管理態勢を構築していく

ことが重要と考えられます。

1　経済安全保障と人権

　経済安全保障は、国家の安全保障にかかわる問題であり、これまでは国・政府が主導するとの発想が強かったように思われます。しかしながら、経済安全保障推進法等、基幹インフラを担う民間企業にも規制上一定の役割が求められるほか、経営上のリスクとして「経済安全保障リスク」に対応すべき必要性も増してきています。

　他方、「ビジネスと人権」の文脈では、元来は企業活動における人権尊重、すなわち民間企業を主体として論じることが多かったように思われます。各国による規制も、民間企業に対して人権デュー・ディリジェンス等を求めることを通じて人権尊重を図ることを主な目的としていたものと思われます。もっとも、最近では、特定の国・地域における政府その他の公的機関による人権侵害に対抗するために輸出管理や経済制裁を行うなど、経済安全保障と同様のツールを用いて国家・外交上の問題として人権が取り扱われる場面も増えてきています。

　このような中、2022年12月に公表された「国家安全保障戦略」では、「我が国の平和と安全や経済的な繁栄等の国益を経済上の措置を講じ確保すること」が経済安全保障とされるとともに（Q1参照）、我が国の国益として、「自由、民主主義、基本的人権の尊重、法の支配といった普遍的価値や国際法に基づく国際秩序の維持・擁護」が挙げられており、基本的人権の尊重も安全保障の文脈の中で論じられています。とすると、人権の観点から民間企業が行うサプライチェーン管理や経済制裁への対応等も、経済安全保障の一環としての性質を有するとの整理も可能と考えられます。

　上記のとおり、経済安全保障と人権の問題が交錯する場面が増えてきています。実際、国内外の当局が行う輸出管理や経済制裁等の規制は、経済

安全保障・人権いずれの問題に対する対応としても用いられています。例えば、国家による強制労働等の人権侵害が疑われる特定の地域でビジネス活動を行う個人・法人を対象とするいわゆる「グローバルマグニツキー法」に基づく経済制裁は、米国ではOFACによって行われており、経済安全保障の観点で行われる経済制裁と共通しています。また、日本でも2022年9月に経済産業省から「責任あるサプライチェーン等における人権尊重のためのガイドライン」が策定されましたが、これらの人権デュー・ディリジェンスの手法は、経済安全保障の文脈での投融資管理、サードパーティ・リスク管理等にも応用できると考えられます。

　金融機関としては、経済安全保障・人権それぞれのリスクの内容や両者の異同等を正確に理解・評価することを前提としながらも、概念的な両者の区別等に固執することなく、双方を同一の部門・ツールで管理する等、実務上の利便性も意識した現実的なリスク管理態勢を構築していくことが重要と考えられます。

Q41　投融資先の経済安全保障リスク管理態勢のモニタリング

投融資先の経済安全保障に関する取組みについて、金融機関としてどのようにモニタリングする必要があるのでしょうか。

A

- 経営上のリスクとしての経済安全保障リスクは、金融機関のみならず、重要な基幹インフラ業務や半導体・蓄電池等の重要物資を取り扱う事業会社も同様に直面しているといえる。
- 2021年6月に改訂された「投資家と企業の対話ガイドライン」では、経済安全保障に係る経営戦略・経営計画等を機関投資家・企業間の重点的な対話事項として明示するとともに、経済安全保障をESG・SDGsやサ

ステナビリティの文脈の中で説明しています。

- 金融機関としては、自らが営む金融業から発生する経済安全保障リスクのみならず、投融資を実施する立場として、投融資先に発生する経済安全保障リスクも踏まえた上で投融資先との対話やモニタリング等を行っていくことが重要と考えられます。

1　経営戦略における経済安全保障の重要性

　これまで述べてきたとおり、経済安全保障は経営上の大きなリスクとなりつつあり、金融機関の業務の公共性や基幹インフラとしての重要な機能等に鑑みると、金融機関自身が経営上のリスクとして経済安全保障リスクを適切に把握・管理していくことが重要となります。

　他方で、投融資を実施する金融機関の側面からすると、経済安全保障上のリスクにさらされているのは投融資先の事業会社も同様といえます。特に、重要な基幹インフラ業務を担っていたり、天然ガス等のエネルギーや半導体・蓄電池等の特定重要物資（国民の生存に不可欠な又は国民生活・経済活動が依拠している重要な物資）を取り扱っている事業会社は、他と比べても経済安全保障に関するリスクにさらされやすく、経済安全保障をめぐる国内外の環境変化に伴う業績への影響も大きくなる傾向にあると考えられます。投融資を実施する主体としての金融機関は、投融資等の金融機能の提供が我が国の安全保障上の懸念を生じさせることがないよう、投融資の使途や投融資先の実質的支配者等を確認するのみならず（Q30参照）、投融資先に対するガバナンスの一環として、投融資先の経済安全保障を巡る経営上の認識等を確認していくことが重要と考えられます。

2　投資家と企業の対話ガイドライン

　この点に関し、2021年6月に改訂された「投資家と企業の対話ガイドライン」では、「ESGやSDGsに対する社会的要請・関心の高まりやデジタル

トランスフォーメーションの進展、サイバーセキュリティ対応の必要性、サプライチェーン全体での公正・適正な取引や国際的な経済安全保障を巡る環境変化への対応の必要性等の事業を取り巻く環境の変化が、経営戦略・経営計画等において適切に反映されているか。また、例えば、取締役会の下または経営陣の側に、サステナビリティに関する委員会を設置するなど、サステナビリティに関する取組みを全社的に検討・推進するための枠組みを整備しているか。」との記載を、「経営環境の変化に対応した経営判断」に関する重点的な対話事項として追加しています[17]。経済安全保障に係る経営戦略・経営計画等を機関投資家・企業間の重点的な対話事項として明示するとともに、経済安全保障をESG・SDGsやサステナビリティの文脈の中で説明していることも注目されます。

　金融機関としては、自らが営む金融業から発生する経済安全保障リスクのみならず、投融資を実施する立場として、投融資先に発生する経済安全保障リスクも踏まえた上で投融資先との対話やモニタリング等を行っていくことが重要と考えられます。全ての投融資先にこのようなモニタリングを行っていくことは必ずしも現実的ではありませんが、投融資の規模や投融資先の業種・ビジネスモデル等も踏まえながら、リスクに応じて経済安全保障に関する経営戦略・経営計画上の位置づけや国内外の経済安全保障関連規制の遵守状況等を確認していくことが考えられます。

Q42　セキュリティ・クリアランス

今後、経済安全保障に関して新たに対応が求められる事項としては、どのようなものが考えられるのでしょうか。

17　https://www.fsa.go.jp/news/r2/singi/20210611-1/02.pdf

- セキュリティ・クリアランス（情報を取り扱う者の適性について、民間人も含め認証を行う制度）については、2023年6月に中間論点整理が公表され、法制化に向けた検討が進められています。
-
  金融機関の役職員が広くセキュリティ・クリアランス制度の対象となる可能性は高くないように思われる一方、重要情報を扱うのに適しているかどうかの職員の評価に関し、企業の基準づくりのガイドライン（指針）が策定される可能性もあります。
- 金融機関としても、セキュリティ・クリアランスや関連する規制動向には留意が必要と考えられます。

1 セキュリティ・クリアランス

セキュリティ・クリアランス制度について、経済安全保障推進法の附帯決議では、「情報を取り扱う者の適性について、民間人も含め認証を行う制度」とされています。経済安全保障推進法の検討段階でも、2014年に施行された特定秘密保護法では指定できる方法の範囲が防衛・外交・特定有害活動・テロの4分野に限定され経済安全保障に関する情報は必ずしも保全の対象でないこと、民間事業者が同盟国等の政府調達や会議への参加等が制約されること等から、セキュリティ・クリアランス制度の導入が検討されていましたが、対象者のプライバシー等を理由に制度化はいったん見送られた経緯があります。現在、上記の附帯決議や、2022年12月に閣議決定された国家安全保障戦略でも「主要国の情報保全の在り方や産業界等のニーズも踏まえ、セキュリティ・クリアランスを含む我が国の情報保全の強化に向けた検討を進める」とされていること等を受けて検討が進められ、2023年6月、経済安全保障分野におけるセキュリティ・クリアランス制度等に関する有識者会議より「中間論点整理」が公表されました[18]。

中間論点整理では、セキュリティ・クリアランスにつき、「政府が保有する安全保障上重要な情報として指定された情報（CI：Classified Information）にアクセスする必要がある者（政府職員及び必要に応じ民間事業者等の従業者）に対して、政府による調査を実施し、当該者の信頼性を確認した上でアクセスを認める制度」とされています。プライバシー等との関係では、以下の言及がされています。

- 重要情報を取り扱う業務に従事する従事者に対する信頼性の確認とそのための調査は、任意の了解の下で行われるものであり、丁寧な手順を踏んだ本人の同意を得ることが大前提であるとともに、収集された情報の管理が適切に行われることは必須。

- 検討に当たっては、対象者が広がり得ることや、企業においては一般に雇用主からの求めによって信頼性の確認を受けることを念頭に置きつつ、プライバシーや労働法令との関係を十分踏まえ、適切な形で整理を行うことが必要。

中間論点整理の公表を受けて、セキュリティ・クリアランス制度の法制化の動きが加速することが見込まれます。

2 金融機関との関係

中間論点整理では、情報指定の範囲に関し、特定秘密保護法の4分野（防衛・外交・特定有害活動・テロ）と同様又はそれに準ずるものとして、以下を例示しています。

- 経済制裁に関する分析関連情報や経済安全保障上の規制制度の審査関連情報
- サイバー分野における脅威情報や防御策に係る情報
- 宇宙・サイバー分野等での政府レベルの国際共同開発にもつながり得る重要技術情報

上記の「経済制裁に関する分析関連情報や経済安全保障上の規制制度の審査関連情報」が具体的にどのような情報を指すかにもよりますが、金融機関の役職員が広くセキュリティ・クリアランス制度の対象となる可能性は高くないように思われます。

　もっとも、政府は、セキュリティ・クリアランス制度の法制化と併せて、重要情報を扱うのに適しているかどうかの職員の評価に関し、企業の基準づくりのガイドライン（指針）策定に乗り出すとの報道もされています[19]。仮にこのようなガイドライン（指針）が策定された場合には、金融機関における情報管理の実務にも一定の影響が及ぶ可能性も考えられます。金融機関としても、セキュリティ・クリアランスや関連する規制動向には留意が必要と考えられます。

---

19 「重要情報扱う社員の適格性評価　政府、一般企業向け指針」（日本経済新聞2023年 3 月30日）https://www.nikkei.com/article/DGXZQOUA283I70Y3A320C2000000/

【編者】

デロイト トーマツ リスクアドバイザリー

Deloitte Tohmatsu Risk Advisory

デロイト トーマツ リスクアドバイザリーは、5つのサービス（ビジネス）領域（監査・保障業務、コンサルティング、ファイナンシャル アドバイザリー、税務・法務）により構成されているデロイト トーマツ グループの中核事業の1つ。リスクアドバイザリーは、クライアントが適切にリスクテイクし、的確に経営上の課題に対応するためのサービスを幅広く提供することで、クライアントの持続的な成長に貢献することを使命としている。コーポレートガバナンス、財務、経理、レギュレーション、内部監査、事業リスクマネジメント、アナリティクス、デジタル、サイバーセキュリティなどの各領域におけるリスクや課題に応えることができるプロフェッショナル集団。

【著者略歴（五十音順）】

大場　敏行

デロイト トーマツ サイバー合同会社　マネージングディレクター
サイバーセキュリティ、データ管理、プライバシー・個人情報保護に関するリスクコンサルティングに10年以上従事。特に最近では、データ保護規制への対応やグローバルガバナンスの導入に関するアドバイザリー業務をさまざまな業界・業種に提供。情報セキュリティスペシャリスト（SC）、公認情報システム監査人（CISA）。
著書（共著）に、『自治体のための特定個人情報保護評価　実践ガイドライン』（ぎょうせい）、『内部監査実践ハンドブック』（中央経済社）、『Future of Cities　新スマートシティ宣言』（フォーブスジャパン）、『リスクマネジメント　変化をとらえよ』（日経BP）。

北川　愛子

デロイト トーマツ サイバー合同会社　シニアマネジャー
サイバーセキュリティ、プライバシー・個人情報保護に関するコンサルティングに従事。特に最近では、サイバーセキュリティ管理態勢構築や第三者評価、プライバシーガバナンスの導入関連のコンサルティング業務を提供。公認情報システム監査人（CISA）。
著書（共著）に、『内部監査実践ハンドブック』（中央経済社）。

今野　雅司

　有限責任監査法人トーマツ　リスクアドバイザリー事業本部　マネージング
ディレクター
　法律事務所、預金保険機構法務統括室勤務後、金融庁検査局にて、経営管理・
法令遵守態勢に課題のある金融機関の検査業務、「コンプライアンス・リスク
管理基本方針」「マネー・ローンダリング及びテロ資金供与対策に関するガイ
ドライン」の策定等に関与。現在は、有限責任監査法人トーマツにて、有事・
平時のコンプライアンス・規制対応、マネー・ローンダリング対策等の助言に
従事。弁護士、ニューヨーク州弁護士、公認会計士、公認不正検査士。
　著書に、『マネロン・テロ資金供与リスクと金融機関の実務対応〈第2版〉』
（中央経済社）、『金融機関のコンプライアンス・リスク管理』（金融財政事情研
究会）等。

白井　真人

　有限責任監査法人トーマツ　リスクアドバイザリー事業本部　パートナー
　大手金融機関勤務後、コンサルティング会社、監査法人のアドバイザリー部門
で、約20年にわたり金融機関向けのコンプライアンス・規制対応に関するアド
バイザリー業務を担当。現在は有限責任監査法人トーマツにて、マネー・ロー
ンダリング・テロ資金供与対策を含む金融犯罪（Financial Crime）対策サー
ビスの責任者を務めている。公認不正検査士（CFE）、公認AMLスペシャリス
ト（CAMS）。
　著書（共著）に、『マネー・ローンダリング　反社会的勢力対策ガイドブック
〔改訂版〕』（第一法規）等。

橘　　敦志

　有限責任監査法人トーマツ　リスクアドバイザリー事業本部　シニアマネ
ジャー
　ITベンダーで金融機関向けのソリューション開発・導入業務を担当後、大手
コンサルティング会社で金融機関のガバナンス、コンプライアンス、規制対応
に関するアドバイザリー業務を担当。現在は、有限責任監査法人トーマツに
て、主にマネー・ローンダリング等管理態勢の高度化に係る助言に従事。公認
AMLスペシャリスト（CAMS）、ソフトウェア開発技術者。
　著書（共著）に、『営業店で読む！　いま一番わかりやすいマネロン・テロ資
金供与対策の本』（近代セールス社）。

土井　秀文

有限責任監査法人トーマツ　リスクアドバイザリー事業本部　マネージング
ディレクター
ITベンダー、経済団体、外資半導体メーカーで政策渉外を務めた後、有限責
任監査法人トーマツ入社。現在は政策渉外として政財界対応にあたるととも
に、経済安全保障の研究に従事。
著書（共著）に、『リスクマネジメント 変化をとらえよ』（日経BP）。

中山　崇

有限責任監査法人トーマツ　リスクアドバイザリー事業本部　マネージング
ディレクター
大手コンサルティングファームを経て、有限責任監査法人トーマツに入社し、
コンサルティング業界にて約20年の経験。業務変革や全社リスク管理態勢・
サードパーティリスク管理態勢の構築、グローバルプロジェクトのマネジメン
ト・リスク管理、システム構築の構想等に従事。デロイト トーマツ グループ
でのThird party risk management（TPRM）サービスをリードし、さまざま
な業界のサードパーティ・リスク、サプライチェーンリスクに関するサービス
を数多く手掛ける。公認内部監査人（CIA）、公認不正検査士（CFE）、情報処
理技術者システム監査、中小企業診断士、Project Management Professional。
著書（共著）に、『リスクマネジメント 変化をとらえよ』（日経BP社）、『両極
化時代のデジタル経営』（ダイヤモンド社)。

野見山　雅史

デロイト トーマツ サイバー合同会社　金融インダストリー担当　パートナー
大手システムインテグレータを経てデロイト トーマツに入社。金融機関に対
し、サイバーセキュリティに関する戦略から、組織・プロセス・テクノロジー
をカバーする広範なアドバイザリーサービスを20年間以上にわたり提供してい
る。公認情報システムセキュリティプロフェッショナル（CISSP）。
著書（共著）に、『リスクマネジメント 変化をとらえよ』（日経BP）。

森　　滋彦

有限責任監査法人トーマツ　リスクアドバイザリー事業本部　マネージングディレクター

大手都市銀行グループのリスク統括部署で、RAFやストレステストの高度化を推進。同グループで2002年以降リスク管理に主に従事し、ロンドン支店、東京本部で、信用リスク、市場・流動性リスク、オペレーショナルリスクと幅広くリスク管理に携わった。現在は、主要金融機関に対するリスク管理に係るコンサルティング業務に従事。

著書に、『新「レピュテーショナル・リスク」管理論』（中央経済社）、『非財務リスク管理の実務』（金融財政事情研究会）、共著に、『気候変動時代の「経営管理」と「開示」』（中央経済社）等。

金融機関に求められる経済安全保障対応

2023年11月1日　第1刷発行

編　者　デロイト トーマツ リスクアドバイザリー
発行者　加　藤　一　浩

〒160-8519　東京都新宿区南元町19
発 行 所　一般社団法人 金融財政事情研究会
出 版 部　TEL 03(3355)2251　FAX 03(3357)7416
販売受付　TEL 03(3358)2891　FAX 03(3358)0037
URL https://www.kinzai.jp/

印刷:株式会社日本制作センター

ISBN978-4-322-14374-4